ヨベル新書
098

「日本教」の弱点

無責任性と日本人

西谷幸介［著］
Nishitani Kosuke

YOBEL,Inc.

はじめに――『神道信条』五カ条
〈山本七平、平川祐弘、阿蘇谷正彦、新田 均、パウル・ティリッヒ〉

本書は著者の日本人論です。その前篇を『母子の情愛――「日本教」の極点』（二〇二〇年）としてすでに刊行させていただきましたが、あらためてその改訂第二版を、『「日本教」の極点――母子の情愛と日本人』（二〇二三年一〇月。以下、すべて「前篇」と略記）と改題もし、再版させていただきました。

そして、このたび、この後篇『「日本教」の弱点――無責任性と日本人』も上梓させていただくこととなりました。このことにつきましては、前篇に熱心な読者がおられたお蔭で可能となったということもあり、出版社へと同時に、読者の皆さんに、心からの謝意を表します。

さて、私の日本人論の探究と執筆の直接の引き金となったのは、前篇にしるしましたように、日本人の臓器移植への消極姿勢の原因をきわめて適切に解明してくれた山本七平さんの『日本教徒――その開祖と現代知識人』（一九七六年）という第三作目でした。もちろん、山本さんは同書執筆当時、脳死臓器移植の問題など知る由もなく、同書に示された「日本教の倫理基準」である日本的「恩」論があの移植への消極性を明快に説明してくれると気づかされたのは、私自身であったわけです。この「恩」論はまた日本人を論じる際のきわめて重要な契機の一つでもあるということにも気づかされました。

日本人の暗黙の宗教「日本教」とその核心「母子の情愛」

そこで、それまでも興味深く日本人を論じておられた山本さんの議論にあらためて立ち返り、その「日本教」概念が日本人独自の「暗黙の宗教」を表わすものであり、日本人論にとって不可欠の概念であることを再認識したわけです。そして、その「日本教」概念の内容をさらに探り、他の優れた日本人論にも学びながら、日本人がその心性においても歴史においても「母性原理社会」を形成してきたことを跡づけ、その内奥に「母子の情愛」という究極的価値が存在するのだと論じたのが、前篇でした。ティリッヒの用語で言えば、この「母子の情愛」こそが日本人の「究極的関心」ということになります。

『神道信条』五カ条

そして、著者のこの見方を証拠立ててくれる稀有の資料として、前篇の末尾でご紹介したのが、『神道信条』五カ条でした。そこでもそれについて幾つかの論評を添えましたが、この後編はこの信条を——英文の原文も添え——あらためて取り上げるところから始めたいと思います（以下の邦文は拙訳です。英語原文では各条に順番はつけられておりませんが、以下ではしるされた順に番号を付し、五カ条といたします）。以下が、その『神道信条』です。

(1) 神道は信じる。すなわち、人間はカミ（kami）の末裔である。したがって、カミと人間は血縁関係にある。人間のみならず、郷土も、自然そのものも、カミの所産である。

(2) 神道は信じる。この世は永遠に続く。この世がより善き場所とされうるのは、人間の協力と勤勉によってである。

(3) 神道は信じる。人間の霊は死後も生き続け、子孫により崇拝される。同時に、それはこれら子孫を見守り、庇護する。

(4) 神道は信じる。もっとも肝要なのは、今、ここで、存分に生きることである。神道は、来世における永遠の価値や報いを求めない。

(5) 神道は信じる。人間は善悪を合わせもつ。しかし、カミの心すなわち慈愛と謙遜の心を涵養することにより、悪を改め、より善き人間の質を示しうる（以上、傍点はすべて私）。

(1) Shintō believes humans to be the offspring of the *kami*; as a result, *kami and humans are related by blood*. Not only humans, but the native land and nature itself are also considered to be products of kami.

(2) Shintō believes that *this world continues forever,* and it is through the cooperation and diligent work of humans that this world can be made a better place.

(3) Shintō believes that the *human spirit lives on after death,* receiving the worship of descendants, while watching after and protecting those descendants.

(4) Shintō believes that what is most important is to *live to the fullest here and now.* Shintō *does not look for eternal values and rewards in the afterlife.*

(5) Shintō believes that humans contain both good and evil, but by nurturing the *kami* mind of compassion and humility, one can improve and exhibit better human qualities. (Italics mine, except "kami")

神道の「言挙げせず」の伝統　宗教学に通じた方で初めてこの成文化された信条をご覧になった方は、驚かれたかもしれません。私も、この文書は、「神道とは人知では及ばない宗教的秘儀であると『神道不測』を謳い、これまでけっして公けに『言挙げ』してこなかった日本の神道としては、史上初のことではないでしょうか」（前篇、200頁）と、前篇に書かせていただきました。

比較文化学者として著名な平川祐弘先生に『西洋人の神道観——日本人のアイデンティティーを求めて』（河出書房新社、二〇一三年）という優れた著作がありますが、その「日本語版のはじめに」で、「日本の神社関係の皆さまはどちらかといえば『言挙げせず』……神道について……お話なさることがあまり多くないのです」、神道を理解するのに「『余計な学問知識は不要だ』とおっしゃる方もおられます」（13頁）としるしておられます。この言葉から、この本は、神道にまつわる日本人の資料がないから、西洋人の神道観によって神道を知ろうとした書物なのか、と思われる方があるかもしれませんが、それはいささか短絡的で、内容はもちろんそれだけに止まらず、奥行きの深い比較文化論です。ただ、そうした面もあるということは否めません。

では、「言挙げせず」というわけだから、神道に関する書物はないのかと言いますと、いや、たしかに存在いたします。門外漢の私が知りうる神道書は愛用の日本史の教科書が教えくれる範囲に留まりますが、十三世紀の伊勢神道から始まってかなりの神道書が著わされてきたようです。しかし、國學院大學元学長の阿蘇谷正彦先生は、「神道の言葉化」を試みた学者も「一握り」はいたが、「言挙げせず」の姿勢は貫かれてきたのであり、従ってわが国ではやはり「神道とは何か」の理解は依然として「困難」であり続けている、と仰っておられます。神道は日本人の生活様式そのものであり、これを学問的に言葉によってとらえ直そうとしたのは「ごく限られた人々」だけであったのです。[2] 都内の或る諏訪神社の案内にも吉田兼倶の「神道に書籍なし」との言葉が紹介されておりました。

史上初の神道による「信条」の公刊（パブリケーション）

そうした伝統の中で上述の『神道信条』が出された

という事実は、やはり刮目に価することだと言わざるをえません。しかも、それが「公けに」すなわちわが国の神道界では最大の包括宗教法人である「神社本庁」により刊行されたのです。個々の神道書の中には神道界に一定の影響を及ぼしてきた著作があるかもしれませんが、この信条はやはりそれらとは一つ次元の異なる文書と言わざるをえません。

教(開)祖、教(経)典、教団を三大要素とする、宗教学が言う「創唱宗教」の伝でいけば、この信条は神社本庁という「教団」が公表した「教典」に当たると言ってもよいかと思います。神道にはもちろん「教祖」は存在せず、キリスト教の「聖書」やイスラム教の「クルアーン」のような「教典」も公式には存在しません。しかし、この信条は、その英語表題を“Beliefs”としたことからも、キリスト教が言う「信条」(Creeds, Beliefs)ないし「信仰告白」(Confessions)の位置を神道界において占めることを想定しているかと思われます。キリスト教においては、「聖書」とともに「信条」が信仰上の重要な地位(ステータス)を占めてきました。そうした意味において、この『神道信条』の公刊(パブリケーション)は神道史上やはり前代未聞の出来事なのです。

ただ、それがなぜ——外国人向けのパンフレットとは言え——英文のみなのか、姑息なものを感じざるをえない、とも前篇の末尾にしるしました(前篇、208頁)。いずれにしましても、私はこの信条の邦文による、あらためての公表と、神道学からの然るべきその解説がなされることを、切望しております。

第一条は「母子の情愛」の宗教的証言！　以上の『神道信条』の稀有性ということ以上に私が驚きをもって受け止めざるをえなかったのが、その第一条の「カミと人間は血縁関係にある」[3]、"Kami and humans are related by blood." という言葉でした。なぜなら、これこそ、私が強調しております「日本教」の究極的価値「母子の情愛」を、神道という宗教が証言してくれている言葉に他ならない、と思われたからでした。

「母子の情愛」が根本的に「母子の血のつながり」に基づくということは論を俟ちません。自然に与えられたかけがえのない母子の絆が、この情愛の母胎であることは明白です。それゆえに、この『神道信条』は、その第一条において「血縁」への信仰を告白することで、日本人の究極的関心としての「母子の情愛」を指し示している、と判断することができます。この『信条』の告白者は、「情愛」という情緒的な概念よりは、その母胎たる「血縁」という実体的概念に言及することで、事柄をより堅固化したのだとも考えられます。

もちろん、第一条は「カミと人間は血縁関係にある」と述べ、「母子の血のつながり」には言及しておりませんので、この条は直接に「母子の情愛」を証言しているとは言えないのではないか、という意見も出てくるかと思います。しかし、「母子の血のつながり」こそが人間が体験しうる血縁の原初であり極致であることは、誰の目にも明らかです。それゆえに、この第一条は、日本人の究極的価値「母子の情愛」についての、宗教としての神道による証言である、と見ることができるわけです。

神と人との関係が人と人との関係の鏡となる

そもそも、宗教は、それが信じる神の存在と人間との関係が、その宗教を信じる人間どうしの関係の鏡となる、と考えます。山本七平さんも「神と人との関係はつまるところ人と人との関係を律する」と述べておられました（前篇、30頁。『日本人とユダヤ人』、117頁）。本書を貫く視点は、「宗教は文化の内実、文化は宗教の形態」という神学者ティリッヒの有名な命題ですが（この後編でもこれを**命題A**として言及してまいります）、これも宗教的内実が文化的形態を生み出すのだ、ということを示しております。

そして、『神道信条』の場合、第一条が「カミと人間は血縁関係にある」と宣言するわけですから、それによって人間どうしの関係も血縁が最重要である、と告げているわけです。そして、母子の血縁こそが人間全般の血縁の原初であり極致であるわけですから、それを母胎とする「母子の情愛」が日本人の究極的関心となることはまったく不思議なことではありません。

ちなみに、キリスト教は、神と人間の関係を「血縁」ではなく「契約」の関係でとらえます。神は旧約の民の父祖アブラハムに祝福と恵みを約束し、彼はこの神を「信じた」というのが、この関係の原型です。血縁は問題とせず、ただ神の救いの約束とそれへの人間の信仰の応答があるだけです。そこからキリスト教神学は人間関係も、⑴男女（夫婦）、⑵家族、⑶同胞という順で、その重要性を説いてきました。[4]もちろん、キリスト教徒が家族を大事にすることは周知の事実です。血縁を重んじることは、「血は水よりも濃い」という西洋の諺にも象徴されるように、普遍的な「人間本性（ヒューマン・ネイチャー）」であるわけでしょう。しかし、キリスト教はこの「自然」の関係に「契約」という人格的な信頼関係を優先させるのです。

中国の儒教の「人倫五常」の教えも、前篇で見ましたように、血縁としての親子関係を第一とします。ただ、かの国では実際に君臣関係がそれに優先される場合もある、ということを確認しました。これに対して、親子の血縁関係は他の人間関係をすべて呑み込むほどに強力であるということが、「日本教」の顕著な特徴でした（前篇、101〜103頁）。そして、それを証言するのが上述の『神道信条』第一条であるということになります。

『神道信条』は神職の「常識」を文字にしたもの

ところで、英文の『神道信条』に初めて接しましたとき、私の中には、わが国の神職の方々はどの程度これをご存知なのか、またそれをどのように受け止められるのか、という当然の問いが生まれました。それにお答えいただいたのが、わが国を代表する神道学者のお一人、新田均皇學館大學教授でした。先生は私がかつて宗教学会で「単一神教再考」という発表をした際に鋭い質問をしてくださった方です。青山学院大学での同僚であった福井義高教授の仲介で、あらためて新田先生に問い合わせ、拙著（前篇）もお読みいただいた上で、次のコメントをいただきました。

「『神道信条』は、神職にとっては目新しいものではなく、常識として共通に持っているものを文字〔英文〕にしただけだという感覚だとおもいます」。

この言葉からわかるのは、この『神道信条』は、神職の方々がこれまで共通に内に秘めてこられた思いを表現したものであって、そう理解すれば、「言挙げせず」の伝統を打破した点ではセンセーショナルかもしれないが、その内容はむしろ神職たちの「常識」である、ということです。私も、前著で、一人の日本人として「そうであるに違いないと想定はしていても、誰もそうだと公言することのできなかったことが……〔この信条により〕宣言された」（前篇、202頁）と書かせていただきました。

すなわち、これは、神職の方々に限らず、多くの日本人に古来根づいてきた価値観の表明だと言って差し支えないものだと思ったわけです。少し大仰に申しますと、『神道信条』は「日本教」の教理宣言なのだとさえ言いいうるのではないか、と思っております。その核心である第一条に密接につながる形で、第二、第三、第四条が宣言されております。

以上、本書の前篇『「日本教」の極点――母子の情愛と日本人』とこの後篇『「日本教」の弱点――無責任性と日本人』とをつなぐ接点として、『神道信条』にあらためて言及いたしました。

そこで、以下、この後篇では、以上を踏まえつつ、日本文化のさまざまな情景の中で最も大きな問題と思われる「無責任性」の事態を論じていくことにいたします。本書の想定に従えば、これも日本人の究極価値「母子の情愛」が醸し出してきた問題である、ということになります。前篇では文化現象から始めて帰納的にこの究極価値に到達したわけですが、この後篇では逆にこの究極価値から演繹的に文化現象、とりわけ「無責任性」を分析してまいります。もとより、この議論は丁寧に進めていかなければ、説得力をもたないでしょう。それを心がけてまいります。

本書全体を大きく分ければ、前半では主に日本古代史を扱い、後半は近代日本の大衆文学作品に触れます。前篇と同じくこの後篇でも優れた諸著作と対話する手法で論じていきますが、それらはすべて私自身が「日本人論」として読み漁った中でたいへん「面白い」と感じた作品の
みです。読者の方々にもその面白さが伝われば幸いです。

前篇の議論にいささかのオリジナリティを感じていただいた読者もあったようです。もしこの後篇にそれがあるとすれば、バラバラであったこれら「面白い」材料を著者の日本人論の文脈に取り込みつつ、それらと対論させていただいたという辺りかもしれません。

いずれにしましても、著者のこの日本人論後篇では、日本文化の中の最も大きな問題、「無責任性」の事態を論じてまいります。

1 "Shinto Beliefs," *Shinto Shrines* (Jinja-Honcho, 1999)
2 阿蘇谷正彦『神道とはなにか』（ぺりかん社、一九九四年）、21頁。
3 「血縁関係」という表現は、「縁」と「関係」の組み合わせで同義語反復的ですが、山本さんも用いておられるほど慣用表現となっておりますので、そのまま使用いたします。
4 例えば、カール・バルト／鈴木正久訳『キリスト教倫理Ⅱ』（新教出版社、一九六四年）における人間関係論を参照してください。

「日本教」の弱点——無責任性と日本人

目次

第一章　無責任性——日本社会が抱える重大問題
〈京極純一、丸山真男、土居健郎、河合隼雄、鴻上尚史〉

さて、この第一章から早速に本題へと入っていきますが、まずこの冒頭で、本書全体を貫く重要視点に言及しておきたいと思います。

権勢者が具現すべき最終目標も「母子の情愛」　その理解のためにも、まずは東京大学で長く政治学を講じられた京極純一さんの主著『日本の政治』（東京大学出版会、一九八三年）の次の下りをご紹介いたします。

「日本における人間交際の基準点は、母親と幼児の間の庇護と依存の関係である。この関係から、一方で、『母』の無償の慈愛が……抽象化され……〔日本社会を主宰する〕形而上学的実在の慈恵が表象される。他方で、幼児期に体験した無際限の甘やかしと甘ったれのなかの完全な欲求充足が人間生活の黄金境……として表現される。……したがって……〔これは〕母親だけでなく、権勢者……が具現すべき最終目標となる。……この信仰において母性愛は実在の臨在として最終最高の正当性をもち、主権的な地位を占め、〔子の〕様々な難局を処理する。他面……子供が自立……することは母の『専制』からの離脱であるから、母親の側で子供の自立を許容せず、子供の側の依存を持続させる傾向が、母子双方の深層心理において働く」(253頁。傍点は私)。

政治学を説く書物でこうした文章がしるされていることに初めは驚きましたが、『日本の政治』なのだから、当然こういうことになるのだと納得しました。つまり、京極さんも私の言う「母子の情愛」に基づく日本人の人間関係を首肯し、日本の統治者の「最終最高の正当性」すなわちその究極規範もそこに見出されるのだと、主張しておられるわけです。これは実に見事と言いますか、前篇で跡づけました山本さん、森さん、河合さん、土居さんの日本人論を一気にまとめ、しかも政治学者として日本の「統治」の要諦を鋭く言い切った文章と思っております。京極さんは「無教会」のキリスト教信仰に立たれた方です。

母性愛が子の難局を処理する　そして、以上の引用中、本書が、これから問題にします日本人の「無責任性」との関わりにおいて、とりわけ注目するのが、「母性愛は〔子の〕難局を処理する」

という京極さんの命題です。つまり、母親が子の抱える問題の解決に責任をもつ、という原則です。ここにわが国における「責任性」の原型が言い表わされていると確信いたしますので、これを本書の議論の根底に据え、以下、論じてまいります。

年配者による若者の支配

さて、私がこれまで経験してきた日本社会における「無責任性」のイメージは、以上の命題とは逆の、子の難局を解決すべき慈母たる親がむしろ自身で難局に陥り、そこに子からの救いを要求する、という事態です。しかも、それに子が応じることも「母子の情愛」なのだ、という態度をまかり通らせている事態です。具体的には、「親の恩を忘れたか」という言い草で、子の報恩を親の「権利」（前篇、82頁他）として要求します。そして、こうした状況が一種常態化しているふしがあり、鈴木光司さんはそれをこの国における「年配者による若者の支配」（前篇、146頁）と呼んでおられるわけです。

いずれにしましても、これは、結局、「母子の情愛」の関係において、子の難局を処理すべき責任主体たる親が実は体よくその責任を免れるあるいは放棄さえする、という「無責任性」の状況として理解することができます。この第一章から日本社会におけるこうした「無責任性」の事態を検討してまいりますが、その際読者に最も注意して見届けていただきたいと思っておりますのが、上述の「責任性」の原型と、この「無責任性」の現実との落差であり、それがどのようにして生じてきたのかという、その歴史的経過です。

無責任性の克服を課題とする日本文化

私自身はこの「無責任性」の問題が「母子の情愛」という価値が日本社会において社会倫理的に醸し出している最大の問題すなわち「弱点」だと考えておりまして、日本人がこの問題を克服できれば、日本文化は世界の諸文化に多くの面で貢献しうるのではないかとさえ感じております。

しかし、そうであればあるほど、他方で、なぜ日本人が今なおこの問題を引きずっているのか、それほどそれは解決困難な問題なのか、という疑問も消えません。本書の確信は、森有正さんとともに、文化が人為によるものならば、それは人間の意志により変革可能である（前篇、42頁）というものですので、その遠くない変革を期待しながら、この問題がいつどのように発生してきたのか、どのような構造を抱えているのか、それを確認していきたいと思うのです。

そこで、そのために注目するのが、わが国の古代史、とりわけ八世紀初頭の国家形成史です。そこに「母子の情愛」の価値が深く関わり、しかもそこで歪んだ国家構造が形造られ、これが現在もなお日本人の政治生活に不都合な影響を及ぼし続けているのではないか、という懸念を抱いております。しかし、その問題は第二章から取り扱うことになります。

まずこの第一章では、「無責任性」の問題、しかもそれがなぜ天皇制との関連で取り沙汰されるようになったのか、その経過を跡づけていきたいと思います。実はその事情は政治思想史家丸山真男さんが敗戦後間もなくまさにそうした視座においてこの議論を提示されたからと理解しておりますが、それは実際、時宜に適う必然的指摘でもありました。

天皇制における無責任性の問題　土居さんは、このあと取り上げます「天皇赤子説」と呼びうる議論で、「天皇制は無責任体制であると評した」（『甘えの構造』弘文堂、一九七一年、64頁）として丸山さんに言及しておられます。そこで、まず、丸山さんの議論を跡づけます。

なお、日本社会全般における無責任性の問題はこの天皇制におけるそれに象徴され集約されている、と私は考えておりますので、以下では——他の諸事例には言及することなく——もっぱらこの問題に集中して論じていくつもりです。

「天皇制における無責任の体系」　さて、土居さんが用いられた「無責任体制」という言葉の大本と思われるのが、丸山さんの「天皇制における無責任の体系」という表現です。これは、丸山さんが、敗戦後十数年を経て、「戦争体験をくぐり抜けた一人の日本人としての自己批判……を根本の動機として……何人の目にもあらわになった（日本社会の）病理現象……の構造的要因を思想史的観点からつきとめ」ようと発表された著作『日本の思想』（岩波書店、一九六一年。以下の引用頁数は同書から）の37頁に出てくる言葉です（直前の引用は186頁）。

この著作は戦後の日本人に多大な影響を与えた名著でありました。ある有名書店が大学教授などに「あなたに最も大きな影響を与えた書物は？」と質問したアンケートで、この書を挙げる回答が圧倒的に多かったことを覚えております。今触れました土居さんのみならず多くの研究者が、この丸山さんの天皇制における無責任性の思想に影響を受け、自著でそれを自分なりに敷衍しておられます。

この著作から私が深く教えられた幾つかの論点には日本人における「思想的雑居性」（21頁）といったものがありますが、ここでは「天皇制的精神構造における無限責任→無責任のダイナミズム」（186頁）という丸山さんの指摘に集中します。それは、天皇制においては臣民に課せられる「無限責任」というものがあった、という、鋭い指摘から始まります。

「臣民の無限責任」

天皇制下の「臣民の無限責任」（33頁）というのは、例えば関東大震災で燃えさかる校舎の炎の中からいわゆる「御真影」を取り出すために多くの学校長が命を落としたという事実のみならず、そのことで「校長を焼死させるよりはむしろ写真を焼いたほうがよいというようなことは全く問題にならなかった」（32頁。これは当時東大のドイツ人経済学教授E・レーデラーの言葉）という当時の日本社会の雰囲気に、象徴されているものです。

これはそれほど「おそるべき呪縛力」（31頁）をもつ空気でした。すべての日本国民は天皇の権威に対しそのように死をもってして責任を負うべき存在と見なされていたのです。しかし、これとは裏腹に、他方で、天皇制自体における「無責任性」の問題が存在します。

天皇制そのものが抱える無責任性の構造

その問題を解く鍵語は、丸山さんの議論においては「輔弼」です。丸山さんによれば、「『輔弼』とはつまるところ、統治の唯一の正統性の源泉である天皇……への助言を通じてその意思に具体的内容を与えること」、より具体的には「元老・重臣など」が天皇の統治権を代理することなのですが、しかし明治憲法はこれら代理者たちの「責任」を「明確化することを避け」ておりますので、これらの人々は有事の際の失政においても天皇の存在を隠れ蓑にすることができ、従ってこれは「巨大な無責任への転落の可能性をつねに内包している」由々しき統治形態なのです(38頁)。

すなわち、天皇制における「無責任性」は、たんに天皇にのみならず、天皇の輔弼者たちにも帰せられるべきものだということです。いや、むしろ、彼らの責任の比重がより大きいのではないかと言えるのが、この無責任性の構造です。丸山さんが「輔弼」の概念によって指摘されたのは、わが国におけるそのような現実でした。

明治維新以降、立憲君主制に移行した近代日本では「太政官」は廃止され、従って「輔弼」を論じること自体がもはや無意味だという反論があるかもしれませんが、まもなく見ますように、明治憲法第五条には「輔弼」の制度がしっかりと規定されておりました。

戦争責任の所在の問題　さて、日本のこの「無責任性」の問題性が太平洋戦争の責任の所在の問題に象徴的に現われました。私の知る限り、敗戦当日ないし翌日に戦死兵士たちに向け謝罪し自決したわずか四人の軍高官たち（彼らについては、あらためて第九章で述べます）を除けば、この戦争の指導者層がその責任を公けにした例は皆無でした。これが丸山さんのいわゆる「天皇制における無責任の体系」を象徴する敗戦後の事実です。

丸山さんによるこの天皇制における無責任性の問題の指摘は、先に申しましたように、日本人に大きな影響を与えてきました。森さんも山本さんもこの問題に触れておられました。以下にご紹介する土居さんの議論もその一つですが、精神医学者ならではの実に興味深い議論です。土居さんはこれを「天皇赤子説」とは呼んではおられませんが、その内容からそのように命名しても不都合はないと私は考えております。

天皇赤子説　土居さんは、「イデオロギー」という言葉は、元来は「思想の研究」を意味するが、今日では「一つの社会の性格を支える思想的バックボーン」の意味で用いられるゆえに、日本人のイデオロギーは「天皇制のイデオロギー」と言ってよい、そしてそれは「甘えのイデオロギーとして解し得る」と例によって言われます（『甘えの構造』、60頁。以下の引用頁数は同書から）。そして、そこから「天皇赤子説」を展開されます。

土居さんが、なぜそのような「確信を持つに至ったか」と言いますと、そのヒントもある男性患者の実際の治療から与えられたものでした。この治療で「自分の〔周囲の人々への〕依頼心をあらためて自覚」した彼は、その「甘え」のため自分は大人になり切れず「途中で躓いたと思う」と反省するのですが、その際に「母親に代る……僕を泳がしてくれる人」、「自分を輔弼してくれる人が欲しい。対外的には僕が責任を持つのですが、しかし実際には僕に助言と承認を与えてくれる人です」（傍点は私）と言ったのです。

そこで、土居さんは、この男性が法学部出身であったため、「輔弼」という戦後は聞かなくなった「明治憲法」の用語（『大日本帝国憲法』第五条「国務各大臣ハ天皇ヲ輔弼シ……」）を使ったのだろうが、このたまたまの出来事が「天皇の地位の心理的意味についても解明しているということができる」と言われます（61頁）。もちろん、土居さんは、ここで、丸山さんが指摘された「輔弼」の概念を念頭に置いておられたにちがいありません。

そこで、土居さんは、天皇の地位にある者は、この明治憲法の輔弼の規定に依拠して、「〔自らに代わる〕周囲の者が責任を以て万事を取りしきることを期待でき」るのであり、それによってまた、「依存度からすれば……まさに赤ん坊と同じ状態にありながら……身分からすれば最高である」立場を維持し続けうる、と解説されます。

ということは、すなわち、

「幼児的依存を純粋に体現できる者こそ日本の社会で上に立つ資格があることになる」(62頁。傍点は私)。[1]

わけであり、そこで、天皇は日本人にとっていわば赤ん坊として全体を統治する者である、ということになります。換言すれば、「日本の社会では、天皇の赤子ということ以外に万人を包摂するために適切で効果的な理念は存在しなかった」(63頁。傍点は私)のです。

ですから、土居さんに言わせれば、日本社会は、明治維新という新たな国家統一の時期にあたっても、このような「輔弼」とセットになった「甘え」のイデオロギーとしての「天皇制」をあらためて制度化したのであり(64頁)、さらに第二次世界大戦での敗戦という大転換期を迎えても、それは変更されることはなかったのです。

「天皇と国民の親子説」ではなく「天皇は国民の赤子説」

以上が土居さんの「天皇赤子説」です。この説に傾聴してまず一種の衝撃を受けますのは――読者もそうお感じでしょうが――これまで触れてきた森さんや山本さんの議論では総じて、天皇は国民に「親」に擬せられていたのに、この説では一転して「赤子」に擬せられているという点です。『甘えの構造』の英訳者もそうした従来の観念にとらえられていたせいか、先の引用文「日本の社会では、天皇の赤子ということ以外に万人を包摂する……理念は存在しなかった」を、「日本国民全体が天皇の子どもたちであるということ以外に万人を包摂する……」（傍点は私）と英訳しています。[2] これでは土居さんの真意は通じなくなるのですが。

天皇赤子説も母性社会日本の証左　いずれにしましても、この説を受けて、私自身がまず強調したいのは、こうした説を成り立たせているのは、まさにあの悲母観音の赤子を見守る母性的眼差しの根底にある価値観であり（前篇、186〜189頁）、従って、この説もまた日本は「母子の情愛」を究極価値とする母性社会であることを証言している、ということです。本書の視点からもこの点はぜひここで押えておきたいと思います。

そして、その上で申し上げたいのは、この土居さんの説は、戦争責任の問題に対する――結果的であるにせよ意図的であるにせよ――天皇擁護論となっている、ということです。

赤子たる天皇に戦争責任は負わせられない　戦争責任の問題に関して、天皇には責任がなかったと擁護する説としては、この土居さんの説の他に、次章で触れます津田左右吉さんの説があります。津田さんは、天皇はわが国では「政治的弱者」であって、「国民がその懐に抱くべき」方であるとして、天皇擁護の発言をされました（本書、47頁）。

一般にはこの津田説のほうが土居説よりはよく知られているかと思いますが、私としましては、以上の土居説は精神医学の視点を巧みに取り入れつつ日本教的価値観に訴えている点で、津田説よりはるかに庶民感覚に訴える説であるように感じられます。子どもに、まして赤子に責任は負わせられません。ですから、あの太平洋戦争の責任を、赤子たる天皇に対しては問うわけにはいかない、という議論なのです。

ところで、以上の戦争責任をめぐる二つの天皇擁護論は物言わぬ天皇ということを前提とした国民の側からの議論です。しかし、現在は昭和天皇自身の日中戦争から太平洋戦争にかけての直接の証言を知ることができるようになり、この問題もやはりそれらに基づいて判断することが至当と思われますので、それについてはあらためて第九章で論じます。

中空構造日本の問題としての無責任性　実は河合さんも『中空構造日本の深層』（中央公論社、一九八二年。以下の引用頁数は同書から）という著作で、日本社会の「無責任性」の問題を天皇制との関連で取り上げておられました。

『古事記』の国造り神話に登場する三神中の、有意味に働く両脇の二神とは対照的な、中心の「無為の神」（これは宗教学で言う“deus otiosus”でしょう）を天皇の存在に準えながら、次の命題を導かれます。すなわち、

「日本神話の中心は、空であり無である。このことは、それ以後発展してきた日本人の思想、宗教、社会構造のプロトタイプとなっている」(40〜41頁。傍点は私)。

こうした「中空構造」(“the hollow-centered structure”)の長所は、空かつ無であるその中心が矛盾対立するものを排除せず包摂してしまうその寛容さですが、他方、その短所は「有事の際」のその「無責任性」です。河合さんは一九九五年の敦賀原発事故の責任者たちの対応の杜撰さを指摘しながら、「最も近代的な組織……において、欧米諸国から見れば……不可解としか思えない……誰が責任を有しているのかが不明確な体制がとられて」いる事実は、日本では「枚挙に遑がない」と言われます(62頁)。

しかし、この「中空構造」ということで河合さんが説明しようとされた究極の対象は「日本の天皇制」(68頁)でした。「中空均衡型のまさに心棒に相当するのが天皇制です」。[3] 天皇を中心とした中空構造システムが「全体でうまくいっている」「おさまり具合の良さ」を外国に向けて説明したいというのが、この「中空構造日本」説の本来のねらいでした。[4]

そして、天皇制について「単純に廃止を主張するのもどうか」という立場でしたから、天皇制の無責任性を批判する議論は展開されませんでした。しかし、天皇擁護を大義名分に「自らは影の権力者として存在したいと願う者があることに注意しなくてはならない」(69頁)とも述べておられますから、あの「輔弼」の危険性や無責任性は十分に意識しておられたわけです。

当分の間、天皇制廃止が無理な理由

ちなみに、今、河合さんの議論で、天皇制存廃の問題に触れましたので、私自身の見解も述べておきたいと思います。端的に申しますと、客観的に見て、日本における天皇制の廃止は当分の間は無理であろう、ということです。天皇が帯びる国民をまとめる力、この民族社会を凝集させ統合する力（"cohesive power"）に代わりうる力は現在も見当たらないからです。天皇を「赤子」とさえ見なし、それを抱きしめようとする、多くの日本人の心情は今なお続いていると思われます。

ここで、社会学者中根千枝さんのご意見を援用しつつ、上述の「無理」を説明しますと、こうなります。中根さんによれば、日本的タテ社会では天皇の存在を「頂点としてのみ全員がつながっている」のに対し、他の多くの民族社会においては「人間以外」の「規則（ルール）」や「約束」で「すべての成員が互いに〔ヨコに〕つながって」います。この日本人のタテの人間関係を図形化しますと、「底辺のない三角関係」つまり成員どうしのヨコのつながり（＝底辺）を欠いた三角形です。そして、この底辺のない三角形を無数に集めてピラミッド型にし、その頂点に天皇の存在を据えると、全成員がこの要（かなめ）にタテに整然とつながる日本社会の図形が現れてきます。しかし、その頂点の要を除去すれば、どうでしょう。この巨大な三角形は容易に「崩壊」してしまうことがわかります。

これに対して、ヨコ社会では、成員間の規則や取り決めやそれらに基づく諸集団自体がその凝集統合（コーヒージョン）の複数の「要」となっているために、その成員はリーダーの存在も含めて「おきかえられうる」のであり、そうして、その社会は「存続しうる」のです。[5]

課題としての「中間諸団体」の強化拡充

しかし、以上は中根さんのいささか理念型的にすぎる日本社会の構造分析であり、前篇で申しましたように、米山さんはこの議論は極端であり、日本人にはヨコのつながりもそれなりにある、と反論されました（前篇、131頁）。

ですから、上述の「当分の間」に日本社会において何がなされなければならないのかと言えば、人々のいまだ稀薄で不安定なヨコのつながりを新たに創造し、それをさらに自覚的に充実させていくことだ、ということになります。このタテ社会は、新たな水平的凝集統合力の補充発展を、何としても必要としているように思われます。

私自身は、「下々」としての庶民と、「お上」としての宗教的権威および政治的権力との間に、さまざまな「中間諸団体」が拡充強化され、人々がそれらを通じてヨコの結合力を得ることが、最も現実的で効果的な問題克服の方途と考えます。この場合の中間諸団体（インターミディエト・グループス）とは企業、教育機関、宗教教団といった多様な団体のことですが、共通点はそれぞれが民主主義憲法下で承認された

「任意（ヴォランタリー）の集合体（アソーシエーション）」であるということです。これら諸団体が自覚的に自らを強化拡充することで、天皇の国民統合の象徴性のみに依存しない、わが国の民主主義国家としての統合性（インテグリティ）・健全性が確立されていくであろうと確信します。

「天皇は利用されただけだって言うから……」

以上、かなりの寄り道をしましたので、天皇制の無責任性の議論に戻りますが、太平洋戦争敗戦後もこの無責任性に対する問題意識はいわゆる「戦後世代」の日本人にも批判的に引き継がれています。

私はいわゆる「団塊の世代」に属する日本人ですが、私などよりずっと若い劇作家の鴻上尚史さんが、その戯曲『ピルグリム』（白水社、一九八九年）の中で、ある登場人物の台詞に、以上の「無責任性」に対する日本人の思いを代弁させておられます。「戦争を知らない子どもたち」ではあっても、こうした悲惨は二度と繰り返すべきではないと考えている日本人庶民の共通した思いが、そこには込められております。

「朝霧：ドイツのナチは、戦後、ニュールンベルグ裁判でね、我々は負けたけど、我々の理論は正しかったって主張したんですって。ところが、日本軍は、東京裁判で、みんながみんな、命令されてやっただけだって言うんですって。で、命令した奴を上へ上へたどっていくと、天皇陛下なんだけど、天皇は利用されただけだって言うから、結局、誰も命令した奴がいないのね。そのくせ、戦争は起こったでしょう。私たちって、よく『誰がそんなこと言ってるの！』って言うと、『みんな言ってるよ』って言うじゃないですか。これって、同じことじゃ…。先生、聞いてます？」。[6]

実にわかりやすい庶民感覚の言い回しですが、同時に事柄の要点を衝く言葉でもあります。すなわち、この鴻上さんの言葉には、問題となる無責任性への批判の思いと、しかしそれが最終的にはいつも何かしらはぐらかされてしまう、天皇制という仕組みへのやるせなさとが、同時に表現されているのではないでしょうか。

あの無責任性の構造は丸山さんの「輔弼」の指摘で理屈としてはすでによくわかっているのですが、なぜ、どのように、そうした仕組みがわが国に出来上がってきたのか、それが不都合なら、なぜそれを変革しようとしないのか、いろいろと疑問が湧いてきます。そこで、日本社会に今も続くこの仕組みの在りようについて、できるだけ納得のいくように理解してみようというのが、以下の三つの章です。

前篇で見ましたように、文化人類学者船曳健夫さんは、日本人論は本来、必然的に日本の政治の問題に関わらざるをえず、また、それを公共財化するためには日本史学によって裏打ちすべきである、と主張されるのですが、[7] 以下はまさにそうした議論になります。そこでの歴史的記述はいささか迂遠な印象を与えてしまうかもしれませんが、極力要点に絞りつつ述べ、その究極に本書の命題の妥当性が示されればと願っております。

1　土居さんは、この関連で、日本では子どもと老人が最も自由と我儘を許されるというルース・ベネディクトさんの指摘（長谷川松治訳『菊と刀』社会思想社、一九六七年、293頁）にも言及しておられます。

2　英訳ではたしかにここを"... there existed no appropriate and effective concept that could unify the whole nation apart from *that of being 'His Majesty's children.'*" (Italics mine) と訳しています。See Takeo Doi (tr. by John Bester), *The Anatomy of Dependence* (Kodansha International Ltd., 1973), p. 60. しかし、日本語原文に忠実に訳すなら、当該の斜字体部分は"*that of the Emperor being their baby*" (Italics mine) とすべきでした。

3　河合隼雄、石井米雄『日本人とグローバリゼーション』（講談社、二〇〇二年）、25頁。

4　同上書、22頁。

5　中根千枝『タテ社会の人間関係』（講談社、一九七六年）、とくに第5章「集団の構造的特色」を参照してください。

6　鴻上尚史『ピルグリム』（白水社、一九八九年）、123〜124頁。

7　船曳さんは、本来、日本人論は、学術専門家の「余技」として提示されるべきではなく、「日本の過去を解釈し、現在を認識することで、未来の日本をどうするか、という、誰にとっても重要な政治的な課題」

を担うべきであり、折々の「大衆消費財」であることを超えて「公共財」となるためには「歴史学が一番重要なディシプリン（学問体系）となる」、と主張されました。「現在の日本の成り立ちを」信頼の置ける仕方で呈示してくれる日本史が「日本人論を読む読者の理解の基礎をしっかりとさせ」、日本人論の公共財化を推進するというわけです（船曳建夫『「日本人論」再考』ＮＨＫ、二〇〇二年、129〜135頁）。

第二章　〈記紀〉の国家的解釈――「日本教システム」の真相

〈カレル・ヴァン・ウォルフレン、本居宣長、津田左右吉、上山春平〉

本などめったに読まない知人が「日本を『システム』って言っているのが面白い。買って読むつもり」と言うので、「読んだら中味教えて」と返したのを覚えています。それはウォルフレンさんの『人間を幸福にしない日本というシステム』(毎日新聞社、一九九四年)という本のことでした。

「日本システム」　七〇年代初めの来日以来、日本の政治を慧眼をもって考察し続けられたオランダ人ジャーナリスト、カレル・ヴァン・ウォルフレンさんは、その主著『日本/権力構造の謎』(早川書房、一九九〇年)で、日本の権力構造のみならず、日本人全般に対しても批判的な見解を示されました。それを要約しますと、日本は「民主主義国家(デモクラシー)」たりえているかと問うた上で、そうではない、なぜなら日本は「国家(ステート)」というより「宗教としての〈システム〉」[1]、「日本〈システム〉」[2]だからだ、従ってそれを真のデモクラシーにするには、そこから「宗教性の切り離し（セキュラリゼーション）」[3]を敢行しなければならない、という主張でした。

「日本を真の民主主義国家に」との訴えには大賛成でしたが、ウォルフレンさんの日本の「宗教性」の掘り下げには――失礼ですが！――さほど刮目する点は見出せず、これで宗教性の切り離しをと訴えても、手応えある議論にはならないな、と思ったことでした。

ただ、何か宗教的なものがわが国の民主主義化を阻んでいるのだという指摘は考察に値すると思われました。「日本的システム」という表現はすでに中根さんが用いておられましたが、[4]ウォルフレンさん独自の以上の意味づけが日本人の関心を引いたと思われます。

そうした意味で、以下の数章はウォルフレンさんが言われる「日本システム」に対する私なりの返答です。「日本システム」とは「日本教」の究極価値としての「母子の情愛」を基に創り出された日本の政治構造である、というのが、私自身の見方です。この情愛を根源としてこの政体が創り出されておりますから、そこからこの宗教的内実そのものを切り離すことはきわめて困難です。しかし、それが文化的な形を取り、しかもそこにこの内実を歪曲する部分が現出しているとすれば、そこが当然切り離すべき側面となります。そして、それが「無責任性」の構造として現われているというのが、私の見方であるわけです。

〈記紀〉の国家論的解釈　以下は、そうした観点から、日本古代史における国家形成の経緯を描き出そうとするものですが、そのための刺激的な対論相手としたいのが、哲学者上山春平さんの『日本書紀』、『古事記』をめぐる「国家論」的解釈です（以下、両書を併記する場合は〈記紀〉と、個別には〈記〉〈紀〉と、略記します）。一九七〇年代から発表され始めたこの研究もその時期の日本人論ブームと重なり合っています（以下に引用する上山さんの著作は、『神々の体系――深層文化の試掘』（中央公論社、一九七二年）、『続・神々の体系――記紀神話の政治的背景』（中央公論社、七五年）、『埋もれた巨象――国家論の試み』（岩波書店、七七年、九七年再版）、『天皇制の深層』（朝日新聞社、八五年）です。多く引用する『埋もれた巨象』からは頁数のみを記し、他の著作からはそれぞれ『神々』、『続・神々』、『天皇制』と略記して頁数を記します）。

　さて、この研究のインパクトは何と言っても「記紀の制作主体を……藤原不比等とみる」（『神々』、iii、115頁）という大胆な提題であり、それをさらに拡張し、わが国の「『独自な国家デザイン』の制作主体として藤原不比等……に着目する」（290頁）という主張でした。前章末尾で見ましたように、船曳さんは、日本人論は政治性を回避すべきではなく、また日本史を重んじるべき、という見解でしたが、この研究はまさにそれに合致しております。

従来の日本人の〈記紀〉観　日本人の多くは、〈記〉の序文が示すとおり、七一二年に完成した和風漢文紀伝体の〈記〉三巻を基に、〈紀〉三〇巻が中国史風の正格漢文編年体として七二〇年に完成されたのだ、という本居宣長の説をそのまま受け入れてきておりました。ですから――〈紀〉からではなく――〈記〉の万葉仮名から知られる「皇国（みくに）の古語」から、「上代の……正実（まこと）」[5]すなわち日本国成立の様子が明らかになると考えてきたわけです。

定説化していたこの見方に、ようやく大正時代に入り、近代歴史学の方法をもって批判を加えたのが、歴史学者津田左右吉でした。大掴みに言いますと、〈記紀〉の双方とも第一四代仲哀天皇までは思想上の創作、歴史的にも信頼できるのはそれ以降であり、両書は要するに天皇家の国家統治を正当化する政治的創作だ、という見解です。こうした批判的見解のため、津田は戦時中、不敬罪で有罪宣告を受けましたが、敗戦翌年に「建国の事情と万世一系の思想」という論文を発表し、天皇は政治的には「弱者」であり、「国民の皇室は国民がその懐に抱くべき」と皇室擁護論を展開し、翌々年には文化勲章を受けました。[6]

藤原不比等〈記紀〉および「国家デザイン」制作主体説　今、津田の態度変更に言及して少し横道にそれましたが、彼が〈記紀〉制作の時期と主体の問題については、六世紀の中頃、天皇家が、その統治のために作った、という指摘で済ませていたのに対し、両書のみならず「国家デザイン」の制作も「八世紀のはじめに藤原不比等を中心として」（162頁）なされたと主張されたのが、上山さんでした。日本を哲学の主要テーマの一つ「国家論」（280頁）の対象とされたわけですが、その最大の動機は、〈記紀〉は「天皇家……というよりは……藤原家のため〔の歴史〕……と思われてならない」（『神々』、162頁）というその思いでした。

現代日本にも続く律令的天皇制　上山さんによれば、八世紀の〈記紀〉の時代に確立されたわが国の政体は「中国風の法体系」に基づく「律令的天皇制」であり、これが何らか「国家の首長が存在した」「天皇制の第一段階」後の、第二段階「天皇を頂点とする国家体制」でした。明治に入り「ヨーロッパ風の憲法体制を前提とする」第三段階の「憲法的天皇制」が成立し、形式的には近代日本となったわけですが（2～8頁）、先に見ましたように明治憲法は「輔弼」の規定を残しました。つまり、上山さんの「深層文化論」に従えば、「律令的天皇制」はなお近代日本の「現在の中に生きて働いて」いるわけです（『天皇制』、180頁）。

また、唐から学んで律令的天皇制を造ったと言いましても、朝廷は刑法たる「律」はさておき、元首や官僚の役割を規定する「令」は「改変」しました。すなわち、唐では各々が独立して皇帝に属した中門、門下、尚書の三省を「太政官一本に統合」し、これを「最高の合議機関という形で天皇の政治を大幅に代行できる」機関といたしました（15頁）。

中国は「革命の哲学」、日本は「非革命の哲学」　この中国とわが国の政体の相違はきわめて重大で、中国の正史たる『史記』では、「『皇帝』は〔失政の場合〕天上の神さまに責任をとらされる」、儒教的「〔易姓〕革命の哲学」が貫かれるのに対し、日本の〈記紀〉「神代巻」では、「地祇（くにつかみ）」から国譲りされた「天神（あまつかみ）」が「天皇」の血縁的祖先として降臨するゆえ、天皇は「そうした〔失政の際の〕責任から解放され、いわば無責任の状態におかれる」「非革命の哲学」が説かれます（17〜19頁。傍点は私）。これを制度的に反映して設置されたのが、上記の「太政官」と、それに並ぶ「神祇官」でした（21頁）。

摂関制は天皇制と不可分（ワン・セット）

これ以降、わが国では、太政官制を利用して「特定の家系に属する特定の個人」が天皇の政治的権能を大幅に「代行」しついには「独占」するという「摂政関白制」（天皇が幼少の際に政治を代行する「摂政」、成人した際に政治を補佐する「関白」）の装置が「確立」されていきます（15〜16頁）。そして、これがもっぱら天皇の外戚たる藤原氏によって担われ、その後久しく存続したことは周知のとおりです。のちにその担い手が公家から武家に代わっても基本的にこの仕組みが変わることはありませんでした。[7]

さて、ここまで上山さんの「律令的天皇制」の分析を見てきますと、これが丸山さんが言われた天皇制における「輔弼」制度に関するより丁寧な、歴史的視点からの説明である、ということは明白です。失政の際も天皇は「無責任の状態におかれる」といった表現からも、上山さんは、丸山さんの「天皇制における無責任の体系」という命題への共感において、事柄を歴史的に、より明確に提示しようとされたのだと、私は感じております。

無責任性の構造　そこで、その無責任性の仕組みについて申し上げれば、さほど込み入ったことではありません。要するに、この摂関制が「うまくいっている」（本書、37頁）間は、「この世をばわが世とぞ思ふ　望月の欠けたることもなしと思へば」（藤原道長）と歌うほど、摂政関白たちは傲岸不遜に天皇の権能を代行独占し、他方、失政を来たした際には、最高位者としての天皇の責任を暗示し、自らはその陰に隠れ、ほとぼりが冷めた頃にまた図々しく復権する、というだけのことです。これがこの政体の「無責任性」の中味です。

「みんながみんな、命令されてやっただけだって言うんですって。で、命令した奴を上へ上へとたどっていくと、天皇陛下なんだけど、天皇は利用されただけだって言うから、結局、誰も命令した奴がいないのね」（本書、40頁）と鴻上さんが指摘されたのが、この無責任性の仕組みでした。まさに「誰も責任を取ろうとする奴がいないのね」というのが、この国の天皇制・摂関制のやるせない構造なのです。

ナンバー・ツーが真の実力者　中根さんは「タテ社会日本」の「リーダーシップ」を説明して、リーダーは集団を自分に「直属する幹部をとおして、把握」するが、「往々にして…自由に幹部を操縦するどころか、彼らにひきずられる」と指摘しておられます。[8]

わが国の社会組織では「良きに計らえ」と宣(のたま)うナンバー・ワンよりも実務執行者たるナンバー・ツーのほうが真の実力者であり、最高位者の陰に隠れて「うまい汁を吸う」存在でもあるということは、中根さんの指摘を待つまでもなく、巷間よく知られていることです。河合さんが「中空構造日本」の議論で警告されたのもこのことでした。

そして、上山さんによれば、この「システム」を八世紀に確立した人物こそ藤原不比等であった、ということになります。それ以来、これは日本社会で今なお継続している現実です。政党が変わり企業体が異なっても、それらも依存するこの深層のシステムとそのメンタリティは不変であり続けているのです。

そして、このシステムを正当化するイデオロギーとしてわが国の「正史」すなわち〈記紀〉を創出したのが不比等なのだというのが、上山さんの主張です。当時の国家を支えた三大要素は⑴律令、⑵正史、⑶都城だが、物質的な⑶を支える精神的、理論的な⑴と⑵が「より重要」（14頁）と言われます。私は⑵が最重要と考えます。ティリッヒの命題Aで言えば、わが国の場合、「正史」が「文化の内実としての宗教」により近いものだからです。阿蘇谷さんによれば、〈記紀〉は神道の「古典」であり、伝統宗教では「教（経）典」に当たるものです。[9] その意味でも、不比等

〈記紀〉制作主体説は意味深長な主張なのです。

上山説理解のための歴史考察

さて、上山さんはこの自説の史的実証にこだわられました。それが成功裡に示されれば、事柄全体が人為であることが判然とし、日本人がそれを変革しようとする起点になると考えられたからでしょう。

そこで、この上山説のより良き理解のためにも、〈紀〉が示す不比等登場までの日本古代史、とくに持統天皇に関わる部分を意識しながら、以下、述べておきたいと思います。持統を理解せずして不比等理解は不可能と考えるからですし、持統理解はまた、日本人の宗教的究極価値としての「母子の情愛」が「無責任性」を醸し出す国家権力の構造を創出した、という本書の命題と深く関わるからでもあります。

天智天皇と中臣鎌足の盟友関係

持統の父は天智天皇（即位前は中大兄皇子）、夫はその弟天武天皇（即位以前は大海人皇子）であり、天智と不比等の父中臣鎌足とは、六四五年の「乙巳の変」（中大兄による蘇我入鹿の太極殿での惨殺）およびその後の政治改革「大化の改新」[10]において盟友関係にあった、ということは周知のとおりです。朝廷の神祇祭祀を掌る「連」にすぎなかった鎌足は、朝廷を唐の律令を取り込んだ中央集権体制へと移行させたい中大兄に一心同体の協力を惜しまず、「大臣」にまで昇り詰めました（「藤原」の姓は、鎌足が没した六六九年、その「大臣」としての功績を顕彰し、天智が授けたものです）。律令制は古来の「氏姓制」に代わる、伝統的な家柄を超えて実力で出世ができる、新体制であったのです。

この政治改革の結果生じた朝廷の重要な政策の一つに、前篇で強調しましたわが国古来の母系家族制から父系家族制への法制上の転換ということがあります（前篇、143頁）。その象徴が六四五年に導入された「男女之法」（子は父につけよ）です。人々はおいそれとこれに従おうとはしなかったのですが、この法の導入は、本書の視点からも、持統がこの半世紀後に確立する「父子相承」の皇位継承法の背景として、注目すべき出来事でした。

壬申の乱　さて、その後、生前の天智に対しては皇位継承の意志がないかのごとく出家の演出さえしていた大海人皇子は、天智が没した翌年、吉野から挙兵し、近江で天智の子大友皇子を倒します。これが六七二年の「壬申の乱」です。大海人は翌年天武天皇として即位し、この戦いでともに労苦した正妃鸕野讃良皇女を皇后とします。のちの持統天皇です。

国史編纂の命令　日本を本格的に国家として確立したのはこの天武と持統でした。天武は、自身の神政強化のために、仏教に関しては、有力寺院を数々建立し、仏教に帰依する王は国土安穏を得ると説く「金光明経」や「仁王経」を全国に説かせ、神道に関しては、伊勢神宮に斎王として長女を送り、「神道」、「天皇」、「真人」、「明神」といった「道教」由来の用語を自己神格化のために全国に定着させていきました。[11] しかし、その代表的事績は、何と言っても六八一年の「律令編纂」および「正史」の大前提としての「帝記と上古の諸事の校定」との命でした。これが下された同日、鸕野讃良が生んだ草壁皇子(くさかべのみこ)も皇太子とされました。

天武天皇没後の政治状況の変化

こうした「壬申の乱」以降の天武中心の政治地図の中では、天智の盟友であった鎌足を父とする不比等の政界への登場は困難でありました。

しかし、状況は六八六年の天武の病没で変化します。その数年前、天武は吉野に草壁以下六人の皇位継承有資格の息子たちと皇后を集め、皇位継承争いを禁じる誓約をさせました。皇后は、当然、これをわが子草壁への皇位継承の保証と受け止めていたと思われます。

持統天皇の焦燥

しかし、皇后は実際には天武が没するとただちに自ら称制し（すなわち即位しない天皇として政務を執り）、天武没後一ヶ月も経ないうちに、皇位継承において草壁の最大のライヴァルと目されていた大津皇子(おおつのみこ)を、朝廷への謀反のかどで処刑します。大津は天武の妃の一人大田皇女(おおたのひめみこ)（持統の実姉）の子でした。大田は早くに没しておりました。

この出来事に、その若さと病弱のゆえに天皇として即位できない草壁への母親としての皇后の歯がゆさ、もどかしさと、またそれを超えた深い情愛とが、垣間見えます。

しかし、草壁は不運にも三年後二八才で病没します。そこで皇后は翌六九〇年、「持統天皇」として正式に即位し、今度は、草壁と自分の異母妹安陪皇女（のちの元明天皇）との間に生まれていた、孫の珂瑠皇子（のちの文武天皇）の将来の皇位継承に夢を託したのでした。

なお、女帝からわが子への皇位継承の前例としては、中大兄の母皇極天皇が存在します。持統の祖母でもあった皇極が弟孝徳天皇への譲位と同時にわが子中大兄を皇太子とし、孝徳崩御に際しては自ら斉明天皇として重祚（すなわち再即位）して、中大兄の天智天皇としての即位への基盤を固めたという経緯がありました。持統はこの祖母から父への皇位継承の現実を目撃し、これを手本にした、と言うことができるでしょう。

藤原不比等の公的舞台への判事としての登場

不比等が朝廷の表舞台に初めて登場したのは、こうした状況においてでありました。〈紀〉は、六八九年、朝廷（つまりは持統）が藤原朝臣史を「判事」に任命したと伝えています。要するに、不比等が大津皇子の謀反（とされた）事件の法的処理に判事として関わったと見ることができます（227〜230頁）。上山さんによれば、この持統による不比等の判事への任命が両者の盟約関係の始まりです。

これを言えば、後述しますが、六九七年の文武天皇即位前年に高市皇子が突然死した事情さえもが疑われます。天武の最年長子、高市は持統のもとで太政大臣となった人物でしたが、天武の血筋ではあってもその母の出自卑賤（北九州の郡司の娘）のため皇位継承は困難と見なされていた存在でした。しかし、「壬申の乱」で天武に仕えて以来のその政治的実績は誰もが認めるものであったのです。事の真相は闇の中ですが。

いずれにしましても、上述の判事任命辺りから、上山説の重要な前提、すなわち持統と不比等との盟約関係が見え始めるわけですが、〈紀〉と『続日本紀』は、それを示唆する出来事として、その後持統が藤原京遷都を行ない不比等に舎人五〇人を賞賜したこと、不比等の娘宮子が持統の孫文武天皇の夫人となり、両者の子首皇子が聖武天皇として即位し不比等の娘光明子を皇后としたこと、その間不比等は大納言、右大臣へ破格の出世をしたこと等（次章「〈記紀〉編纂に関する年表」参照）を伝えています。しかし、これらの記事は持統と不比等の盟約関係を直接に示す史料とまではいかず、状況証拠の域を出ません。

持統と不比等の盟約関係の証拠

そうした考察の段階で、自説の確定のためには、「濃密に重なりあう」「推測の網」をもって「断定を下すほかあるまい」と、「諦めに近い心境に落ちつきかけたときに」、上山さんが遭遇されたのが、『大日本古文書』中の「正倉院文書」巻四「東大寺献物帳」すなわち光明皇后による聖武天皇遺品献納リスト中の、

(1)草壁皇子の「黒作懸佩刀」（これ自体の所在は不明）の由緒書であり、

その意味を読み取るために不可欠な史料となる、

(2)『続日本紀』における元明天皇および聖武天皇への「即位宣命（そくいせんみょう）」という、遺物と遺文の史料でした（24～25頁）。

これらは上山さんには自説の歴史的蓋然性を高めると思われる大発見でした。その意気込みにも押されてですが、以下の上山さんの解釈部分は本書の命題の展開のためにも重要ですので、多少長くなりますが、ご紹介いたします。

「黒作懸佩刀」由緒書　まず、この由緒書の内容を申し上げますと、要するに、この王権の象徴としての草壁の刀が不比等を仲介者として息子の文武と孫の聖武に受け継がれた、ということをしるすものでした。そして、こうした刀の継承法の背後に「持統天皇と藤原不比等の盟約」があった（38頁）、というのが上山さんの結論です。

すなわち、一方に、持統の子草壁また孫文武に「是が非でも皇位を継がせたいという執念」（30頁）すなわち持統の「私的な願望」（34頁）――この表現についてはさらに第四章で一言します――があり、他方に、天皇家と名門豪族とで従来分有されてきた政治権力を藤原氏が天皇の外戚となって独占するという、不比等の「強烈な執念」（37頁）があり、これら相互の利益が都合よく結合したその事実をまさに証明する遺物がこの刀だ、というわけです。

ここで、当然、両者の父親どうしすなわち天智天皇と中臣鎌足のかつての一心同体の協力関係が想起されます。それが今度は彼らの娘と息子において再現されたのです。

「不改常典」 以上の由緒書と同様に重要なのが、ここで実行された皇位継承法の正当化の理論です。それを象徴するのが、『続日本紀』が示す元明天皇および聖武天皇の即位宣命に現われた「不改常典(あらたむまじきつねのり)」という表現なのですが、元正天皇から甥の聖武天皇への宣命がより具体的ですので、上山さんによる現代語訳をそのまましるします。

「もともと、この皇位は、あなたのお父さまの文武天皇が亡くなったときに、あなたに与えられたものなのですが、そのとき、あなたがまだ幼かったので、肩代わりとして、あなたのお祖母さまの元明天皇に与えられたのです。元明天皇は、その皇位を私〔元正〕に与えられるときに、天智天皇の立てられた『不改常典(あらたむまじきつねのり)』という法に従って、確実に、まちがいなく私の孫〔聖武〕に与えてください、とおっしゃいました」(223頁)。

この宣命が重要なのは、それが当時の慣行であった「兄弟相承」という皇位継承法を「父子相承」に転換し、しかもそれを「不改常典」として宣言しているからです。

持統天皇による葛野王の昇進 七五一年のわが国最古の漢詩集『懐風藻』の「葛野王(かどのおう)伝」には、上述の六九六年の高市皇子急逝の翌年、すなわち文武天皇の即位年、その即位を前に持統天皇が皇位継承法をめぐる会議を招集したのですが、「衆議紛紜」となり、そこで天武天皇に倒された大友皇子の長子葛野王が、「わが国家の法たるや、神代より……子孫相承〔父子相承〕して以て天位を継ぐ。もし兄弟相及ぼさば〔兄弟相承となれば〕、すなはち乱れん」と発言して、強引に「父子相承」を主張し、「兄弟相承」を唱える他の人々を制したゆえに、天皇はこれを歓迎し、葛野王を昇進させたとあります。[12]

皇位父子継承法の確立　『懐風藻』は〈紀〉完成後三〇年ほどを経て刊行された文献ですが、上記箇所は——葛野王が事実そのように発言したにせよ、彼に仮託する創作であったにせよ——持統が確立した皇位の父子継承法を後代に再確認した史料として重要な位置を占めると思われます。要するに、当時の朝廷ではこの新しいルールがすでに確立されていたわけです。

上山さんは、『不改常典』の宣言は、「草壁皇子以外の天武の皇子の系統による皇位継承」の「排除」を「前提」とする、「持統の嫡系を念頭においた上での嫡系相承のルール」への転換であったと結論されます（239頁）。つまり、それは——本書の視点からすれば——血を分けた子孫への「母」としての持統の血縁的情愛を根本動機とする転換であったのです。

上山さんによれば、この原則が「天智によって立てられた」とするのは持統の考えであり、そのように主張したのは、この皇位継承の正当化のためには「天武に匹敵する権威」が必要だったからでした。もし天武からの父子相承という形で、それを天武の権威によって正当化しようとしたとすれば、天武の即位自体は従来の兄弟相承の形に則るものでしたから、その矛盾を衝かれ、批判される恐れがありました。ですから、そのためには天武の兄であり先帝であった天智天皇の権威をかざすことが最も至当なことでした。しかも、持統も不比等も「それぞれ天智の娘であり天智の寵臣の息子」すなわちまさに血筋であったことも手伝って、この天智の権威に訴えた父子継承原則は――周囲には違和感を感じさせたとしても――結局はその正当性を承認されることとなったと思われます（240頁）。

こうして、上山さんによる、「佩刀由緒書」と「不改常典」とへの注目と、その慧眼なる解釈によって、わが国の国家形成に深く関わる持統天皇と藤原不比等との盟約関係が明らかにされました。これは日本史学においても評価されるべき論証であったと思われます。

ところで、上山さんは以上の論証とともに、〈記紀〉に関する見解も提示しておられました。以下ではそれをご紹介した上で、その感想を述べ、次章へと進ませていただきます。

〈紀〉は新しい政治原理の貫徹のためのマエ向きの歴史、〈記〉は古い政治原理への配慮のためのウシロ向きの歴史　この小見出しは上山さんの言葉そのものですが（『続・神々』、40頁）、これがまさに上山さんの〈記紀〉観です。不比等〈記紀〉制作主体説というわけですから、不比等は両書をわが国の正史とし、同時に「藤原氏独裁体制づくりの手段」（『神々』、90頁、『続・神々』、41頁）とするということを意図した、というのが、上山さんの見方です。宗教学者村上重良さんは、両書を「古代天皇制国家の手でまとめられた露骨な政治神話である」[13]（傍点は私）と言われましたが、その「手」とは不比等であったとするのが、上山説です。

〈記紀〉がそうした意図において一致しているということは、例えば、両書の「神代巻」が、記述上の数多の相違にもかかわらず、神統譜の基本構造において共通している点に確認できます（『神々』、34頁、『続・神々』、16頁）。つまり、皇祖天照の弟須佐之男がその野放図性により高天原を追われ、芦原中国に降って国土を開き、子孫大国主がこれを高天原に国譲りし、そこに皇孫邇邇芸が降臨するという大筋において、両者は共通しています。

もちろん、〈記紀〉の相違も確認しうるのであり、それは一方で〈紀〉が「神武以降の人代巻で藤原氏（中臣氏）の祖先たちの事績に関するフレーム・アップをしきりにやっているのに」、他方で〈記〉は人代巻には「祖先たちを全く登場させ」ず（『続・神々』、42頁）、彼らの働きを神代巻に限定している、という点です。上山さんは、これを、〈記〉完成の三年前、七〇八年の元明天皇の勅命――その背後に不比等のこうした構想があったと想定できますが――で実現した、「政治は藤原（右大臣に藤原不比等）、神事は中臣（神祇伯に中臣意美麻呂）」という「同族分業の体制」の投影と解されます。そして、それを象徴するのが、藤原氏が創建した春日大社の四祭神中、「国譲り」で大国主が派遣した建御名方(タケミナカタ)を破って主役を演じる建御雷(タケミカズチ)と、天孫邇邇芸(ニニギ)に側近随行する天児屋(アメノコヤネ)であるわけです（『続・神々』、17〜19頁）。

上山さんによれば、この分業が、新しい律令的天皇制・摂関制貫徹のための〈紀〉と、これに取って代わられる古い氏姓制に依存してきた旧豪族たちへの配慮のための〈記〉に、反映しております。「去り行く旧豪族たち……を象徴する……スサノオとオホクニヌシを主役とする出雲の物語に……『古事記』の方では深い愛情が込められている」（『続・神々』、43頁）点に、それが示されています。巨大な変革を目指す不比等は主旧勢力にも気を使ったのです。

思想と現実との類比法　以上、上山さんの〈記紀〉論を見届けてきましたが、そこからわかりますのは、こうした上山さんの解釈法の特徴は、〈記紀〉に見出される「藤原的イデオロギー」（『神々』、116頁）すなわち藤原氏の「利益を正当化する……思想」（『神々』、74頁）と藤原摂関制の歴史的現実とを、類比においてとらえようとするものだということです。[14] つまり、それらが類似していれば、不比等制作主体説の蓋然性は深まる、ということです。

たしかにこの方法も歴史解釈には重要な武器であり、有意義な成果ももたらしますが、そこに不比等の直接の介入を証する史料が示されて初めて、上山説は十分に証明され、説得力をもつ、という、歴史学からの単純かつ明白な批判は絶えず出てきます。上山さんもこの問題は十分に意識しておられ、「〔類比しうる〕構造を明らかにしておく」「第一段階」を踏まえ、「文献的ならびに物的な史料を動員して……推測にすぎない仮説に……肉づけ」する「第二段階」が必要と述べておられました（『神々』、116～117頁）。あの「由緒書」や「不改常典」も、結局は「第一段階」に留まるものので、状況証拠にすぎない、上山説は牽強付会だと、歴史学から断言されてしまえば、そこで議論は止まらざるを得ません。

しかし、そうだとすれば、歴史学は上山説はやはり状況証拠の積み重ねにすぎないとして退けるべきなのでしょうか。しかし、たんにそれだけでこの説を片づけるべきではないと思わせてくれる有力な『日本書紀』論が提示されましたので、次章でご紹介いたします。

1 カレル・ヴァン・ウォルフレン／篠原勝訳『日本／権力構造の謎』（早川書房、一九九〇年）、上巻、101頁、下巻、81頁。

2 同上書、下巻、108、112頁。この表現は原著では"The Japanese System"です。Karel van Wolferen, *The Enigma of Japanese Power* (Palgrave Macmillan, 1989), pp. 290, 293.

3 同上書、下巻、113頁。

4 中根千枝『適応の条件――日本的連続の思考』（講談社、一九七二年）、32頁。

5　本居宣長『古事記伝』（一九七八年）、第1巻「古記点等争論」より。

6　津田左右吉「古事記及び日本書紀の新研究」（一九一九年）、『津田左右吉全集』別巻第一（岩波書店、一九六六年）を参照してください。引用は、津田左右吉「建国の事情と万世一系の思想」、『戦後日本思想の出発』一（筑摩書房、一九六八年）、132、142頁より。

7　一四世紀半ば、南北朝動乱期に、将軍足利義満の策謀により、武家による皇位の簒奪が計られましたが、義満自身の病没により寸でのところでこれは失敗し、武家たちはその後ただちに天皇の権威に服従し依存する道に立ち返りました。今谷明『武家と天皇』（岩波書店、一九九三年）、14～22頁。

8　中根千枝『タテ社会の人間関係』（講談社、一九六七年）、136～138頁。

9　安蘇谷正彦さんによれば、〈記紀〉は神道の「基本的な古典」である、ということになります。神道には教（経）典が存在しないという批判に対して、〈記紀〉がそれに相当する、と言っておられるわけです。安蘇谷正彦『神道とは何か』（ぺりかん社、一九九四年）、91頁。

10　「大化の改新」自体の存否や時期をめぐる論争がありますが、ここではそれに立ち入らず、〈紀〉の記述に準じて、論を進めます。

11　田村圓澄『仏教伝来と古代日本』（講談社、一九八六年）や福永光司『道教と古代日本』（人文書院、一九八七年）他を参照してください。〈紀〉における「神道」の語の初出は五八四年です。なお、「天皇」号は「金光明経」由来という仏教側の説もあります。

12　江口孝夫（全訳注）『懐風藻』（講談社、二〇〇〇年）、71～72頁。葛野王はこの発言後、弓削皇子が異論を唱える気配を見せたとたん、彼を「叱りつけ、抑えてしまった」のでした。

13　村上重良『国家神道』（岩波書店、一九七〇年）、27頁。

14　上山さんの類比の方法のわかりやすい例は、〈記紀〉神代巻で邇邇芸（ニニギ）が天照（アマテラス）の息子天忍穂耳（アメノオシホミミ）と高御産巣日（タカミムスビ）の娘拷幡千千（タクハタチヂ）との間に生まれ葦原中国に降臨した下りを想起しつつ、「アマテラスとタカミムスビに持統と不比等の姿を、アメノオシホミミとタクハタチヂに文武と宮子の姿を、そしてニニギに聖武の姿を、ふとかさねあわせてみたくなる」（38頁）と上山さんが言われる箇所です。つまり、「神代巻」はこのように不比等が願う「藤原ダイナスティ」のイデオロギーを提供しているゆえに、〈記紀〉は彼の意図を反映した歴史書に違いない、という論法です（212〜213、217頁）。

第三章　『日本書紀』述作過程に関する新しい歴史学的論証

〈森 博達〉

前章末尾で申しましたが、歴史学的実証の観点からして、上山さんによる史料検討以上に検討の余地があったのだと思わせてくれるのが、森博達（ひろみち）さんの『日本書紀の謎を解く――述作者は誰か』（中央公論社、一九九九年。以下の引用頁数は、他の注記以外は、すべて同書から。なお、本章での上山さんからの引用も第二章に倣います）という画期的研究です。

これも最初に断っておきますが、〈記紀〉編纂への不比等の直接介入を史料的に実証しているわけではありません。しかし、森さんによる〈記紀〉編纂過程のこの明快な分析提示で、上山さんの不比等〈記紀〉制作主体説の歴史的蓋然性はさらに高められたというのが、私の感想です。そこで、以下、森さんの研究の要点を簡明に示してみたいと思います。

森さんによれば、〈紀〉編纂開始年と見られるのは天武天皇が国史と律令の編纂を命じた六八一年、完成年は周知の元正天皇治下七二〇年であり（15〜16頁）、この四〇年間に複数述作者がそれぞれ〈紀〉三〇巻中の複数部分を撰述したのです。

〈紀〉述作の歴史的過程

〈紀〉を注意して読むと、例えば巻一三が自身より先に巻一四が書かれたことを示す重要記事――これについては後述します――を含んでいますが（208頁）、この辺りから〈紀〉のいわゆる「区分論」も展開されてきました。しかし、従来の使用語句等の観点からの区分論に対し（31頁）、森さんはそれを「音韻学」（56頁）的方法で行なうことにより、ほとんど反論の余地のない区分を確認されました。また、それにより、従来の区分論では踏み込めなかった、述作者の具体像を含む各区分の編纂の状況までが、明らかにされたのです。

秘密は日本人の万葉仮名と中国人の万葉仮名の違い

その画期的な方法論の中心ポイントは、〈紀〉で使用されている「万葉仮名」を、

（α）「漢音」に基づく仮名表記と、

（β）「倭音」に基づく仮名表記とに、

明確に区別することが可能なので、それを区分論の基本とする、ということでした。

両者の区別とは、こういうことです。〈記紀〉の当時、日本人はその「万葉仮名」の使用におい

て課題を抱えておりました。まず、中国語の子音や母音は日本語より多く、音節構造もより複雑であるという問題を乗り越えなければならず、そのために漢字の発音や選択の簡易化すなわち「漢字音の倭化（和化）」、「倭音」化（62頁）を図りました。さらに、漢字の原音にも四～六世紀の南朝音を母胎とする「呉音」系と、七～九世紀の唐代北方音を母胎とする「漢音」系の二種があり、その択一の課題がありました（60頁）。実は、当時の日本人は漢音よりも呉音のほうに馴染んでおり（61頁）、『古事記』や『万葉集』の万葉仮名は呉音系、『日本書紀』は漢音系でした（63頁）。

他方、渡来中国人が漢字で日本語を音訳する場合ももちろんあったのであり、その際、彼らは当然自分たちの聴音に従い漢字を選択しました。従って、それらが倭音の万葉仮名との食い違いを示しても驚くには当たらないということになります。

これが、外語大生として中国語音韻学に打ち込んでおられた森さんが、〈紀〉区分論のために到達された問題の構図でした。つまり、日本人の万葉仮名文に中国人の日本語音訳漢字文が紛れ込んだ場合（68、77頁）、その両者が識別可能だというのが、決定的ポイントでした。こうした問題状況に思い至らず、従って両者の識別もできなかったのが、わが国の従来の〈紀〉研究の実状であったわけです。

こうして、森さんは「音韻論」的研究を主役とし、「倭習」すなわち「語彙・語法、そして文体にわたる」「日本語の発想に基づく、漢文の誤用や奇用」（124頁）を明らかにする「文章論」を脇役として、〈紀〉の区分とその述作者とを推定されます。
ちなみに、この森さんの〈紀〉研究方法に初めて接したとき、私がただちに思い起こしたのは、キリスト教の『聖書』本文をめぐる近代歴史批評学の成果を東京神学大学で聞いたときのことでした。双方の研究の着眼点とその分析法はきわめて類似しております。

唐人が書いたα群から倭人が書いたβ群へ

さて、そうして得られた主要な二区分が以下に図示するα群とβ群です。この区分が可能なのは、α群は「唐代北方音に全面的に基づき、原音によって表記され」た仮名を含む正格漢文体であり、β群は「漢音系のみならず呉音系の仮名も」含む「倭音に基づく仮名」を含む倭習漢文体だからです（89〜90頁）。α群にも引用文や加筆部分に倭習が見受けられますが、それはβ群の述作者らによる後代の加筆だからです（196頁）。
そして、ここからまた、α群述作者は「渡来唐人」（109頁）であり、β群は唐代北方音や正格漢文に暗い日本人だ、ということが合理的に想定できるのです（215、218頁）。なお、巻三〇「持統紀」もβ群に近いのですが、その特別性については後述します。

〈β群〉＝山田御方
巻一　神代（上）

〈α群〉＝続守言、薩弘格
巻一四　雄略紀

二　神代（下）
三　神武紀
四　綏靖(すいぜい)〜開化紀（八代）
五　崇神(すじん)紀
六　垂仁(すいにん)紀
七　景行(けいこう)・成務紀
八　仲哀紀
九　神功紀
一〇　応神紀
一一　仁徳紀
一二　履中・反正紀
一三　允恭(いんぎょう)・安康(あんこう)紀
一五　静寧・顕宗・仁賢(にんけん)紀
一六　武烈(ぶれつ)紀
一七　継体(けいたい)紀
一八　安閑(あんかん)・宣化(せんか)紀
一九　欽明紀
二〇　敏達紀
二一　用明・崇峻紀
二二　推古紀
二三　舒明(じょめい)紀
二四　皇極紀
二五　孝徳紀
二六　斉明紀
二七　天智紀
二八　天武紀（上）
二九　天武紀（下）

巻三〇　持統紀＝紀清人、三宅藤麻呂

次に、α群とβ群の述作の順序や時期、また作者の同定を含めた〈紀〉編纂の歴史的過程に関する森さんの推定を提示します。それは〈紀〉およびそれに続く日本六国史第二書『続日本紀』の記事を根拠に進められます。森さんのこの推定法はきわめて合理的かつ説得的です。以下、森さんの緻密な史的考証はほとんど省き、その要点のみをしるします。

まず、α群の執筆はβ群に対して歴史的に先行したのですが、その判断の根拠の一つは、上述しました、巻一三「安康紀」末尾の記事です。そこには安康天皇暗殺の「次第は詳しく雄略天皇紀にある」とあり、すでに雄略紀にしるされていたその詳細を指し示しています。つまり、巻一四「雄略紀」の述作が安康紀に先行しておりました。

α群の述作は続守言と薩弘格

ここから、さらに、森さんは、当時のわが国で正格漢文をしるしえたα群の作者は誰かという問いを立て、当時の律令国家形成の節目節目に賞賜されたことが〈紀〉や『続日本紀』にしるされている二人の唐人に着目し、当時は国史撰述には学者一人を選んで行なわせていましたから（210頁）、結論として、

巻一四〜二一を続守言（しょくしゅげん）が、

巻二四〜二七を薩弘格（さつこうかく）が、

それぞれ単独で、六八九年頃から七〇〇年頃までに（弘格の『続日本紀』への最後の登場は七〇〇年）述作した、と推定されます。続と薩は持統天皇称制下、六八一年におそらくは浄御原令撰修参画により初めて賞賜され、持統即位翌年六九一年に「音博士（こえのはかせ・おんはかせ）」すなわち大学の漢音教授として二度目に賞賜され、さらに六九二年に三度目の賞賜を受けています。これらの賞賜は〈紀〉の「述作を促すため」ないし「述作の進捗による」と理解することが可能ですので（210頁）、上述の執筆期間を想定できます。

なお、続が六六〇年の唐・新羅と百済との戦いで百済の捕虜となり、百済からわが国に献上された唐人であったことや、続が「雄略紀」から分担執筆し、薩は「皇極紀」から分担執筆したことなどは、「斉明紀」七年＝六六一年の「注」の考察からわかります（209頁）。

「雄略紀」と「皇極紀」が両者の撰述の起点となったのは、それらが古代の画期ゆえと考えられます（211頁）。すなわち、雄略は中国に朝貢した「倭王武」として中国人にもよく知られていましたし、「大化の改新」の幕開けとなる蘇我入鹿暗殺はすでに触れましたように皇極天皇治下で起こっていました。日本古代史家遠山美都男さんは、森説に賛同しつつ、『宋書倭国伝』を読んだはずの続や薩は雄略に親近感をもち、「大化改新」や「白村江の戦い」などの東アジアの動乱にも、彼らの人生を変えた出来事として、関心をもたざるをえなかったであろうが、『魏志倭人伝』や『隋書倭国伝』を読んでいたとしても、彼らの史実以外への無関心から「卑弥呼」や「阿毎多利思比孤」には接点を見出しえなかったであろう、と傾聴すべき解説をされています。[1]

さて、森さんによれば、巻二一「崇峻紀」四年以降はβ群述作者による倭習であり、続によるこの中途放置は彼の急死を暗示しています。続には巻二二～二三の述作が、薩には巻二八以降の述作が期待されていたのですが、それらが果たされなかったのは、続と薩、両者の死没が理由ではないか、と推測されます（212頁）。

β群の述作は山田史御方

いずれにせよ、森さんによれば、こうして天武天皇が計画し持統天皇治下で本格化したα群の国史撰述はいったん中断し、次にβ群述作者により再開されるということになります。

では、β群の述作者は誰でしょうか。文武朝の「文章（もんじょう）」つまり中国の詩文と歴史に通じた山田史御方（やまだのふひとみかた）が起用されたと考えるのが至当です。彼が〈紀〉に初めて登場するのは、続と薩の最後の賞賜と同年の六九二年で、学問僧として新羅に留学し帰国したゆえの昇叙の際でした。その後、彼も七二一年まで、節目節目に、その〈紀〉撰述のゆえと思われるものも含め、朝廷からの論功行賞に預かります。β群が示す倭習や仏典からの影響は、御方が唐ではなく新羅に留学したその結果であろうと考えられます（218頁）。

では、いつからβ群述作は開始されたのか。β群が用いる天皇の天下統治の表記法「御宇」から、それは七〇二年の「大宝令」以降と考えられます。これ以前は「治天下」が用いられましたが、大宝令の公式令（くうじきりょう）で「御宇」への指示があったのです。α群にも「御宇」が四例ありますが、「後人の加筆」とわかります（220〜224頁）。こうして、御方がβ群の、

巻一から巻一三を、そして、

（巻二一「崇峻紀」四年〜）巻二二「推古紀」、巻二三「舒明紀」を、さらに、

巻二八・二九「天武紀」上・下までを、

執筆したのです。その開始時期は上記のように七〇二年、擱筆は当然遅くとも〈紀〉の完成年七二〇年となるわけですが、七一〇年の元明天皇からの賞賜が彼の〈紀〉の一応の擱筆を指すものとしますと、その翌七一一年の元明の〈記〉撰述の命も、七一四年の〈紀〉最終巻三〇の撰述の命も、時系列的にはスムーズであり、やはりこの七一〇年を御方の〈紀〉擱筆年としてもよいかと思われます。

最後の仕上げは紀朝臣清人　それでは、最後の巻三〇「持統紀」の成り立ちはどうなのでしょうか。森さんによれば、持統没年は七〇二年であり、天皇崩御直後から〈紀〉の撰述はなされないという慣習のため（213頁）、「持統紀」は、そうした事情やその特殊な語句や文体からして、七一四

年に元明天皇より国史編修の勅命を受けた紀朝臣清人と三宅臣藤麻呂が同年から執筆し、七二〇年に完成したものです（219〜220頁）。優秀な清人が倭習の少ない漢文で述作し、藤麻呂はこの巻のみならず両群にわたって漢籍による潤色を加えましたが、そこには倭習が目立ちます（228〜229頁）。清人の「文章」としての卓越ぶりは、七一五年以降の折々の賞賜や、七四一年の「文章博士」拝命などで証明されます。

以上、森説に従ってしるしましたが、そこから、〈紀〉の述作過程については少なくとも次のように結論づけることが許されるでしょう。すなわち、

・持統朝において、六八九年の浄御原令完成後、六九一年から続守言と薩弘格がα群撰述を始め、七〇〇年頃までには両者とも他界していた。続は巻一四から始め、巻二一修了間際に擱筆し、薩は巻二四〜二七を述作した。

・文武朝において、七〇二年の大宝令以降、山田史御方がβ群の述作を始めた。

・元明朝において、七一四年から紀清人が巻三〇を述作した。同時に、三宅藤麻呂が両群にわたり漢籍による潤色を加え、若干の記事を加筆した。

・元正朝において、七二〇年、〈紀〉三〇巻が完成し撰上された。

森説こそ「記紀の編纂にかんする確実な史料」研究

ところで、私の関心は、以上のような森

説を聞いて上山さんならどのように感じられたであろうか、ということです。上山さんは、〈紀〉の基本史料と言われた「帝紀・旧辞」は六世紀半ばには成立していたとする津田説などには与せず、〈紀〉はやはり八世紀に至って不比等の企画によりまとめられたと主張し、次のように述べておられました。すなわち、

「私としては、それほど奇矯な説をとなえているつもりはなく、記紀の編纂にかんする確実な史料をふまえながら、その背後についていくらか掘り下げた考察を加えさえすれば、不比等を記紀の制作主体とみる仮説が、一つの有力な選択肢として浮び上がってくるはずだ」。

（『続・神々』、45頁。傍点は私）

私見ですが、上述の森説こそ、音韻学的に区分可能な〈記紀〉の二種の万葉仮名テキストという「記紀の編纂にかんする確実な史料をふまえながら、その背後について……掘り下げた考察」に成功した研究と見てよいのではないでしょうか。それは実際上山さんの不比等〈記紀〉制作主体説が苦心して推定した歴史状況の整合性をより強力に示してくれています。なお、森さんは当該書の段階では上山説に関する発言を控えておられますが、それを知られないはずはなく、自説とのその関連については十分に意識しておられたはずです。

〈記紀〉編纂に関する歴史年表

そこで、以下、上山説の歴史的蓋然性を確認するために、上

記森説と上山さん自身の時系列的考察（『神々』、182頁他）とを融合し、略年表を作成してみることにします。なお、今まで触れませんでしたが、上山さんが〈記〉編修に関し提示された有力な史料（『続・神々』、112～115頁）もそこに含まれております。

〈天皇〉	〈記・紀〉	〈藤原〉
六四五　大化の改新。		
		六五九　不比等、誕生。
六六八　天智、即位。		六六九　鎌足、没。藤原姓を得る。
六七一　天智、没。		
六七二　壬申の乱。		
六七三　天武、即位。		
六七九　吉野の会盟。		
六八一　草壁、立太子。	六八一　天武、律令・正史編纂の命。	
六八六　天武、没。 持統、称制。大津皇子、没。		
六八九　草壁皇子、没。	六八九　持統、撰善言司任命。	六八九　不比等、判事で登場。

浄御原令、施行。	続、薩、賞賜。 神祇官で天神地祇につき討論。
六九〇　持統、即位（神祇伯による天神寿詞の奏上）。	六九一　続、薩、音博士として賞賜、
〈紀〉α群撰述開始。	六九二　神祇官からの『神宝書』四巻の献上。 御方、新羅より帰国し、昇叙。 続、薩、賞賜。
六九四　藤原京遷都。	
六九六　高市皇子（たけちのおうじ）、没。	六九六　不比等に舎人五〇人賞賜。
六九七　文武、即位。	六九七　宮子、文武の夫人となる。
七〇〇　大宝律令編纂の命。	七〇〇　不比等、大宝律令実質責任者となる。
七〇一　持統、太上天皇となる。 大宝律令、完成。	七〇一　不比等、大納言となる。 宮子、首皇子を儲ける。 不比等、光明子を儲ける。

七〇二　持統、没。
七〇七　文武、没。
　　　　元明、即位。
七一〇　平城京遷都。
〈紀〉巻三〇撰述開始。
七一五　元正、即位。
七一八　養老律令完成。

七〇二　御方、〈紀〉β群撰述開始。
七〇七　御方、賞賜。
七〇八　不比等長男武智麻呂、七〇八　不比等、右大臣となる。
　　　　侍従兼図書頭となる（〜七一二）。
七一〇　御方、賞賜。
七一一　太安万侶、正五位に昇叙。
　　　　元明、安万侶に〈記〉撰述の命。
七一二　〈記〉完成。
七一三　元明、諸国に『風土記』撰進の命。
七一四　元明、清人と藤麻呂に国史撰述の命、
七一五　清人、安万侶、昇叙。
七一七　清人、賞賜。

七二〇　〈紀〉完成。　七二〇　不比等、〈紀〉完成後、没。
御方、昇叙。
七二一　御方、清人、首皇子の
教育係となり、昇叙。
七二九　光明子、聖武の皇后となる。
七二四　聖武、即位。

持統天皇による国史編纂の第一期

さて、この年表をじっくりと見て基本的に押さえるべきは、天武天皇と持統天皇は国史と律令の開始からその途中までは関わったが、藤原不比等はそれらの完成まで生きていた、という事実でしょう。そして、森さんが言われるように、天武の計画を継承する形で持統治下に本格化した国史撰述には、この女帝の七〇二年の逝去によりいったん区切りがあった、ということは明白です。

そこで、まず、持統による国史編纂の本格化ということですが、それを示すのは六八九年の「撰善言司（よきことえらぶつかさ）」の任命や、続と薩への賞賜です。これらは六月のことでしたが、この持統の動きはやはりその年四月の草壁皇子の病没で拍車をかけられたものかと思われます。いずれにしましても、持統の指揮下で、雄略天皇から彼女の父である天智天皇までの日本史の記述が二人の唐人学者によって成し遂げられたわけです。

不比等に主導権が移る第二期

大和朝廷がリアルな記憶として留めていた「雄略紀」から始まって「持統紀」までの唐人学者による正史撰述というのが、持統による当初の計画であったかもしれません。しかし、現実は——唐人史家たちの死没のゆえでしょう——「推古紀」と「舒明紀」は欠け、まして「天武紀」と「持統紀」という肝心の部分が未完成となりました。この状況と七〇二年の持統天皇没の事実を受けて、すでに大宝律令編纂の実質的責任者であり、しかも娘宮子を文武天皇の夫人としていた大納言藤原不比等が、正史編纂を引き継ぎ、またそのことが朝廷で公認された、と考えることは、妥当でしょう。

しかし、そのとき、不比等は、ただ未完成の部分を補うだけでなく、「雄略紀」からの正史を「神代」にまで遡及拡大させるという企てを敢行したのではないでしょうか。そのことこそが、森さんが、「この頃、書紀の編修方針に大きな変革が起こっていた。神代から安康までの撰述の必要が生じたのだ」(227頁)と言われることの内容でしょう。その課題を倭人学者である——とは言え、後述するように渡来氏族出身の——山田史御方が担ったわけです。

上山さんも、持統天皇没後は、不比等が、元明天皇の強引な擁立など、「突如として自らのペースをむき出し」(『神々』132頁)にし始めたと言われております。いずれにしましても、事の主導権は持統太上天皇から不比等に完全に移行し、〈紀〉の「神代巻」にまで遡る展開が不比等の一存で可能となったわけです。

六八九年の不比等判事就任後に「神祇官」が設置され、そこで八百万神の「天神・地祇」への二分化が論じられ、その上で、翌六九〇年、神祇伯中臣大嶋による「天神寿詞」の読誦によって持統天皇が天神として皇位に就くという前代未聞の天皇即位式が行われております。七〇〇年に編纂が開始された大宝律令では、その後の事の進行を見透かすように、嫡男による皇位継承や太上天皇の規定が盛り込まれました。つまり、すでにこのように不比等の「藤原的イデオロギー」は着手されてきていたわけですが、しかしその本格的展開はやはり持統亡き後に顕在化したと言えるかと思います。

『古事記』と藤原氏の関係

この「藤原的イデオロギー」との関連で、上記年表に初めてしるしました〈記〉と不比等との関係も説明しておかねばなりません。〈記〉と〈紀〉の関係について前章で述べた要点は、前者は後者のいわば早わかり版であり、内容は基本的に一致する、ということでした。上山さんは、〈記〉は旧豪族に対し「不改常典」とセットとなった藤原的イデオロギーを吹き込み説得するための書だ、という見解でした。

それを示唆するのが〈記〉の天武天皇によるとされる「序文」です。そこには、豪族らに伝えられてきた『帝紀』や『旧辞』は間違いだらけであるため訂正されねばならない、としるされているわけですが、これはつまりは不比等による「特定の政治的意図をもつ……フィクションを、守旧派たち……に流布させる……きわめて巧妙な演出」であって、〈記〉は「影の世論づくり」を兼ねた〈紀〉のいわば縮小版であったというわけです。全三巻の「リラックスした変体［つまり倭習］漢文体」（『続・神々』、123頁）はその目的をしっかりと果たしたかもしれません。御方が七〇七年と七一〇年に賞賜されていますが、先に申しましたように七一〇年を〈紀〉撰述の区切りと考えますと、翌七一一年から準備され七一二年正月には完成した〈記〉の上記目的も容易に察せられます。

　これも上山さんに依りますが、不比等の長男武智麻呂は七〇八年から七一二年まで国史編修実務を担う「図書頭」の任にあり、壬申の乱で散逸した史料の整備を民間に尋ねての書写などにより行なっており、[2]彼と友好関係にあり、「国史監修」を職掌とする「中務卿」下の「中務大補」であった太安万侶が、その史料に基づき、かの序文にあるとおり実に短期間に〈記〉として撰述し、これを不比等の腹心であった中務卿小野毛野（小野妹子の孫）が吟味し完成して、元明天皇に献上した、というわけです（『続・神々』、112〜115頁）。

　不比等〈記〉制作主体説には〈記〉序文の綿密な考証から慎重な態度を崩されない日本古代史家上田正昭さんも、以上の上山さんによる〈記〉撰述の事情の提示と解釈については「注目すべき見解」として一定の評価を下しておられます。[3]〈記〉「神代巻」への不比等の影響の蓋然性も以上の状況提示により従来に増して高まってくるかと思われます。

というわけで、ここで再確認されるべきは、〈記〉は宣長が見たように〈記紀〉のうちのオリジナルなほうなのではなく、やはり上山さんが言われるように「正史」編纂の途中で挿入されたいわば「ウラ芸用の史書」なのだということです（『続・神々』、112頁）。

不比等と山田史御方の関係　最後に、不比等〈記紀〉制作主体説のためにはきわめて重要な要素である山田史御方（やまだのふひとみかた）と不比等との関係について、述べておきたいと思います。

実は上山さんは御方に対してはほとんど注目してはおられませんでした。御方は森さんの研究によって浮かび上がってきた存在です。しかも御方が担った役割は上山説にとってはある意味で決定的な意味をもつものでありました。見ましたように、彼が「藤原的イデオロギー」に直結する〈神代巻〉および「神武紀」以降の一一巻、さらに聖徳太子伝でもある「推古紀」、中大兄と大海人の母皇極天皇の前史でもある「舒明紀」、そして持統天皇の皇后時代を伝える「天武紀」の述作者であったのです。

以下の叙述も御方と不比等の〈紀〉をめぐる直接の交流を描き出すものではありませんが、そのありえた交流を彷彿とさせる両者の関係について述べてみたいと思います。

その関係を示唆する鍵は「不比等」という名前です。尊称としての不比等（すなわち「等しく並ぶ者なし」）の本名が「史」であったことは、〈紀〉六八九年の条からも知られます。当時、「史」は「姓」すなわち朝廷から氏族に授けられた尊称の一つとなっており、六世紀以降朝廷の文筆記録を担当した多くの渡来系の人々がこれを名乗っておりました。

『藤氏家伝』上巻、「鎌足伝」三一「大臣固諫」によれば、鎌足自身は天智の息子大友皇子を死に追いやった大海人皇子すなわち天武とはもともと良好な関係を結んでいたのですが、[4]これらの大君たちの対立の兆候を察知してか、『尊卑分脈』（一三七六年）の「不比等伝」には、「公に避く所の事あり」として、鎌足がいまだ幼なかった自らの後継者たる息子史を、人目を避けて「山科の田辺史大隅らの家」に託して養育させ、「それ以て史と名づくなり」と伝えられています。[5]

ここから、不比等が「史」姓の渡来系有識者たちと知己であったことは容易に想像されます。山田史御方自身は南河内の石川郡の史系氏族の出身ですが、[6]不比等による御方の起用の背景には、以上のような不比等と史系渡来氏族たちとの親密な人間関係があったわけです。[7]御方はたんに文章となったというだけではなく、もともと不比等にとって意思疎通がきわめて容易な人々の一人だったのであり、しかも当時新羅留学からタイミングよく帰国していた最高の知識人だったのです。

不比等〈日本の国家デザイン〉立役者説の高い蓋然性

以上が、森説を踏まえた、不比等〈記紀〉制作主体という上山説への私なりの賛同的解説です。森さんのこの〈記紀〉編纂過程の歴史学的確定は上山説への強力なバックアップとなって、その蓋然性をきわめて濃厚にしてくれた研究であると、私自身は確信しております。

森さんの研究それ自体が日本人にとって〈紀〉に関する新しい不可欠の知識を与えてくれます。第二〇回金田一京介博士記念賞に輝いたこの研究は、発表された当初からしばらくは日本古代史学界では市民権を得てはいなかったようですが、上述のような遠山さんなどの評価もあり、現在ではそれ自身の学術的説得性によって広く承認されてきたようです。この研究はまた不比等〈日本の国家デザイン〉立役者説という上山さんの命題をも強力に支えてくれる学説であると思われます。[8]

そこで、最後に、既述の上田正昭さんの上山説への論評をあらためてご紹介し、その価値を確認しておきたいと思います。申しましたように、上田さんは〈記〉不比等制作説については慎重なままですが、しかし〈紀〉についてはその限りではありません。上田さんは、七〇三年に故持統大上天皇に捧げられた諡号（天之広野日女尊（あめのひろのひめのみこと））が、七二〇年完成の「持統紀」においては不比等の天皇史観が色濃く反映した諡号（高天原広野姫天皇（たかまのはらひろのひめすめらみこと））に変更されていることを指摘しながら、「『日本書紀』の最終的完成が、その死のわずか三ヵ月前とはいえ廟堂の第一人者であった不比等の生存中であったことは、不比等論にとって重要である」と述べ、「当時の廟堂における実権者不比等が、『日本書紀』の最終的仕上げに無関心であったとは考えがたい」[9]と結論されます。つまり、〈紀〉への不比等の影響の歴史的蓋然性はきわめて高い、という判断なのです。

以上の指摘を受け止めれば、私としては、仮に不比等の〈記〉制作主体説はさておいたとしても、〈紀〉制作主体説、また〈日本の国家デザイン〉立役者説については、譲る必要はないのではないかと考えます。上田さん自身、次のように述べておられます。

「上山春平氏もいうように藤原レジームの前期〔つまり日本の国家的基本構造の形成期〕は、まさしく不比等によって確立されたといってよいであろう」[10]。

1　遠山美都男「日本書紀の『編集方針』とその変容」、遠山編『日本書紀の読み方』（講談社、二〇〇四年）、268頁。

2　沖森卓也他『藤氏家伝――注釈と研究』下巻「武智麻呂伝」（吉川弘文館、二〇一一年）、323頁。『藤氏家伝』そのものの刊行年は七六〇年。

3　上田正昭『藤原不比等』（朝日新聞社、一九七六年、八六年改訂版）、212頁。上田さんの〈記〉「序文」の考証と解釈については同書、208～211頁を参照してください。

4　沖森他、前掲書、221～223頁。

5　国史大系第五八巻『尊卑文脈』（吉川弘文館、一九五七年）、15頁。上田正昭、前掲書、34～39頁を参照してください。

6　加藤謙吉「日本書紀に関わった渡来人」、遠山編、前掲書、245頁。

7　五世紀に朝鮮より渡来し帰化した「史」系氏族については、上田正昭『帰化人』（中央公論社、一九六五年）を参照してください。

8　二〇二四年二月二八日にＮＨＫ ＢＳで放送されました「古代日本のプランナー・藤原不比等」では、森さんが番組のインタヴューに答える形で、上述の〈紀〉二区分論を明示し、持統天皇没後に（御方により）述作された「神代巻」以下一七巻が不比等の意図を反映したものであると明言しておられました。例えば、持統天皇を指す「天照大神」という名称がこれら一七巻にしか出てこないこと、「天孫降臨」物語が持統の「孫」文武を彷彿とさせることなどが、その証拠です。すなわち、これらの巻は、持統の「血筋が続くように、きわめて政治的な意図に基づいて」述作されたものなのです。不比等は「自分が主導したんだとか」、「名前は明かしませんよ」。しかし、それが明白なのは、「この頃、一番力をもっていたのは不比等ですから」。この森さんの証言がこの番組の支柱の位置を占めていたのは確かです。

9　上田、前掲書、220～221頁。

10　同上書、227頁。なお、ここで、不比等の〈記紀〉制作主体説なり〈国家デザイン〉立役者説の歴史的論証がなぜ困難かということについて、上田さんの言葉をお借りして、一言しておきたいと思います。すなわち、上田さんによれば、不比等は「重要な役目をになった。それなのに彼の活動状況を物語る史料はまことにとぼしい。……私はそこに人間不比等の生きざまをみいだす。……彼は太上大臣にとの要請も……受諾しなかった。彼が欲したのは地位や名誉よりも、実力であり実権であったようだ。……裏の実権の人として行動した」(同上書、.iv頁。傍点は私)。こうして、不比等はまさに「輔弼(ほひつ)」たることを自らの本質とし、それに徹しようとした人物でありました。それゆえに、彼が日本の根本的国家デザインたる「律令的天皇制」の実質的建造者であったとしても、これを歴史学的に実証することは困難であるわけです。

第四章　「母子の情愛」の結実としての「日本システム」

〈鎌田東二、遠山美都男〉

ここまで、日本人論の根本史料の一つである〈記紀〉を中心とした上山春平さんの論究の要所を、森博達さんの研究による支援も得て、跡づけてまいりました。以下、その意義を噛みしめつつ、しかし本書独自の見解を加えて、この議論を締めくくりたいと思います。

持統天皇と藤原不比等による仏神分業の宗教国家　上山説について思い巡らしておりましたときに、鎌田東二さんの著『神と仏の精神史 ―― 神神習合論序説』の中で、「持統天皇と藤原不比等の主導による神仏分業国家構想」[1]（傍点は私）という表現に出会いました。そして、これは明らかに上山説を意識しつつ、あの律令制国家の性格を鎌田さんが独自に表現されたものだと感じました。上山さんは持統と不比等、両者の盟約関係を論じられたわけですから、この表現は当然のようでもありますが、私には見過ごせないものでした。
と言いますのは、上山さんは、その着想と論証法からして、律令的天皇制の確立を不比等の側に強く引き寄せて論じられたという印象が強いのに対し、鎌田さんはこれを端的に、持統と不比等とによる分業体制、とされているからです。つまり鎌田さんはこの国家体制の形成には不比等に優るとも劣らず持統が深く関わったことを示唆しておられるわけです。

日本の国家デザインの遺伝子構造の根源は持統の子孫への深い情愛

そして、そこに私自身の見方を加えますと、日本の国家デザインのDNAを探究する場合、重要なのは不比等より持統ではないか、ということなのです。この女帝への注目と顧慮なくして、この問題の真の理解は得られないであろうと思うからです。

上山さん自身が、あの国家体制確立の過程で、生前の持統天皇が不比等に対しては圧倒的な主導権を行使し、不比等のほうは「ひたすら持統……に従う受動的な姿勢に終始し」たと繰り返しておられますが、[2]その点のさらなる熟考が求められると思うのです。本書のこれまでの議論から読者にはすでに見当がおつきかと思いますが、私が申し上げたいのは、この女帝のわが子への母としての、さらにはわが孫への祖母としての、筆舌に尽くしがたい情愛に注目することが重要である、なぜなら私たちが知るこの国柄のすべてはそこから始まったからである、ということです。

なお、鎌田さんの上記著作の独創的かつ啓発的な主張は、その副題にも示されているように、わが国の宗教の根本的性格は「神神習合」（傍点は私）として太古から成立していたのであり、これまでわが国に流布してきた「神仏習合」という表現と概念もその基盤の上に現出した「一ヴァリエーション」[3]にすぎない、というものです。仏を本地とし神々をその垂迹すなわち化身とする仏教によるいわゆる「本地垂迹説」に対し、鎌田説はわが国古来の神的存在が他の神的諸存在を自らのうちに編入統合していくと唱えるもので、これはわが国の慧眼なる神道学者の説得力のある議論であり、私自身も「日本教」の思想構造は基本的にはこれに通じていると考えております。ただ、私の見解は、今も述べましたように、この統合編入の基盤は「母子の情愛」であるというものです。

父子相承とは異なる原理　ところで、これまでは上山さんに従い、皇位継承法は従来の「兄弟相承」から「父子相承」という「不改常典」へと転換されたという言い方を踏襲してきましたが、これまで度々引用してきました遠山美都男さんは、欽明天皇以降の六〜七世紀の皇位継承法は「兄弟継承や父子継承のように見えながら……別の原理によって規定されていた」とし、その時期の女帝たちの出現も考慮に入れつつ、そこに働く原理を「王族として定められた特殊な血縁集団の範囲内で、兄弟よりも広い、相互に異母兄弟姉妹の関係にある同母の集団を寄せ集めた、同一の世代という条件を重視した王権継承原理なのではないだろうか」[4]（傍点は私）と、意味深長に、述べておられます。私もこの見方がより妥当性をもっと思っておりますが、いずれにしましても、それを前提として私が問題としたいのは、その「母」の自ら血を分けた子どもたちへの情愛、ということであるわけです。

持統天皇が、祖母皇極天皇が父中大兄をまず皇太子とし、さらにその天皇即位を確実とするため斉明天皇として重祚したという経過を、自身にとっての実物教訓（オブジェクト・レッスン）とした可能性については先に言及しました（本書、55頁）。天皇の血筋で皇位継承権をもつ異母兄弟姉妹の中から、とりわけ鸕野讚良皇女（うののさららのひめみこ）が天武天皇皇后というステータスをもって突出し、自ら天皇となってその子孫への深く強い情愛をあの「不改常典（あらたむまじきつねののり）」へと結実させたのでした。

さて、上山さんは、この持統天皇が「大津皇子を謀殺してまで、実子の草壁皇子が皇位を確保することに執着し……その草壁が……夭折した後は、その子の軽皇子（文武）に草壁の継ぐべき皇位を継がせることに強い願望をいだくようになった」とし、これを「持統の強烈な執念」[5]、また「私的な願望」[6]（傍点は私）とも表現されました。

「母子の情愛」は日本人の「公的価値」！

別の箇所では、持統と不比等の盟約による国家創成の事態を、次のように表現しておられます。

「ここに、あくまでも公的で普遍的な姿をよそおいながら、たくみに、私的で特殊な利益を貫徹する……すぐれて政治的な論理の典型を見いだす」[7]（傍点は私）。

このように、上山さんは、持統と不比等は「父子相承」を皇位継承の「公的で普遍的な」原理として立て、その背後に自分たちの「私的」な願望や利益を覆い隠しつつ、それらを実現した、と理解されます。しかし、私に言わせれば、この国家創成の真相はそうした西洋風な物の言い方では的確に表現することはできない、ということです。

私自身は、上山さんが持統の「私的」な願望や利益と呼ばれるものこそが、この国ではまさに「公的」なものなのだ、と悟るときに、この国家や国民の究極的価値を真に正しく理解することになるのだと考えます。

すなわち、上山さんがここで「私的願望」と呼ばれているものこそがわが国では「公的価値」なのであり、それがついにわが国のグランド・デザインを決定する原歴史的な機会に自らを表わし、一つの制度にまで結実した、というのが、真相を衝いた言い方だと思うのです。それを「公的価値」と言いますのは、それこそがこの国では万人の前でまかり通るものだからです。当時、この出来事に日本人すべてが目を凝らしたに違いありません。そして、そこに彼らが腑に落ちない思いを抱きながらも、どうしても抗うことができず、納得せざるをえなかった「何か」が示されたからこそ、この結果が承認されたのです。

では、その「何か」とは何か。わが子を思いやる母の深い情愛ということです。それが、この歴史の決定的な瞬間に、具体的には、わが子草壁またその忘れ形見わが孫文武を思いやる、女帝持統の深い情愛として姿を現わし、その後、文化の形として定着したのです。

「女帝の強い願いを叶えてあげたい一心で、私は中国のやり方も変えたのだ。皆よ、いかがか」と不比等も振る舞ったからこそ、それに乗じて彼が取った専横ぶり、藤原氏の権力独占を可能にする太政官制度、ひいては摂政関白制度を設置したことにも、皆、目をつぶったのです。このように、「母子の情愛」こそが日本では真の「公的価値」なのです！

これに訴えて、不比等は中国の令制もあからさまに変更することができました。この女帝においていわば満を持して現出したこの公的価値を、女帝の随伴世話役として具現化し制度化するという大義名分のもと、彼は唐の政治組織も大幅に変更し、かの国を貫く「革命」の原理とは正反対の「非革命」のイデオロギーを確立し、現在もわが国の深層文化に広義の天皇制として生き続ける政体の原構造を創り上げることに成功したのです。

葛野王も「日本教」をよく理解していた！　『懐風藻』が言うように（本書、58頁）、葛野王が、高市皇子急逝翌年、文武即位直前の皇位継承会議に参加し、皆には皇位継承法としてはまだ耳新しかったはずの「父子相承法」を、これこそ伝統的な皇位継承法と断言したのだとすれば、それは彼が元来その信奉者だったからではなく、そうすることがかの「公的価値」すなわち『母子の情愛』をその場でまかり通らせるには最もふさわしい方法だと感じ取ることができたからなのです。よくも従来の皇位継承の慣行を無視し、「神代以来、わが国は父子相承だ」と言いくるめたというか、事柄の勘所を察知した彼は、肝腎要の瞬間に「日本教」を体現できたきわめて利口（クレヴァー）な日本人だったのです。

以上が、上山さんの不比等〈日本の国家デザイン〉制作主体説に対する私なりの批判的修正です。こんな話は今まで聞いたことがない！　と仰る読者がおられるかもしれません。しかし、私としては、日本人が暗黙に、しかし、しっかりと信じ切っている「日本教」の観点から解き明かせば、こうなる、ということを真面目に述べたつもりです。このことは、じっくりと熟考していただければ、現在の多くの日本人の方々にも「一見腑に落ちないが、しかし納得できる」事柄として受け止めていただけるのではないか、と思っております。皆さんもあの会議に持統から召集されておられれば、葛野王とまではいかなくとも、持統の提案に結局は賛成なさったはずです。

わが子草壁、わが孫文武に、皇位を継がせたい、という女帝持統の強い思いが、実際、「その事のおこり」[8]（傍点は私）であったと、上山さん自身が述べておられます。それがその後の不比等による「日本の国家デザイン」制作の根本要因だったのです。聖書に「時（カイロス）は満ちた」という歴史の意味深く充満した「時機」を表わす語がありますが、私には、日本人の「母子の情愛」という宗教的内実が、持統天皇という特別な存在において「時が満ち」、この国の決定的な政治的文化的形態を結実させたのだ、と思われてなりません。

「母子の情愛」が日本人の心性に、はるか古来より今に至るまで、依然として根深く息づいております。まさにそれが、七世紀末に、傑出した一人の女帝の子孫への深い思いをとおして、わが国の統治形態の原構造を創り出すに至りました。そして、この「母子の情愛」が現在も日本人の統治体制（システム）を含むその文化的生の根底に息づいているわけです。

代償としてのウロボロス的摂関制

しかし、しばしば述べましたように、この統治形態の確立に協力する交換条件として不比等が得たものが、藤原氏の権力独占を許す「摂関制」すなわちあの「輔弼」の制度でした。ナンバー・ツーすなわち「君」に対し「臣」に過ぎない者が権力を実質独占するが、失政の際はその責任を「君」と「民」に押しつけるという身勝手な仕組みです。不比等は、これを理論的に保障する「藤原的イデオロギー」の文書すべてを、持統天皇亡き後、山田御方に託して、抜け目なく設えさせたのでした。

河合さんは母性の美点と汚点を指摘し、その汚点の象徴として「ウロボロス」という神話的表象を挙げられましたが、日本では例えばその官僚制においてこの神話的表象がしばしば現実のものとなってきました。太平洋戦争中のあの軍国主義内閣もその一変形（ヴァリエーション）にすぎません。そして、民間でも、いわゆる「小天皇制」とセットになった「摂関制」の模倣状況があり、そこから排出してくる同種の問題性が残存し続けております。

　問題は、この神話的で疑似宗教的な価値が今なおこの国では息づいており、力をもっている、という現実です。その批判と反省を深めない限り、この国はいまだ「民主主義国家（デモクラシー）」たりえず、ウォルフレンさん流の「日本システム」批判を絶えず甘受せざるをえないのです。彼が言う「宗教性の切り離し（セキュラリゼーション）」とは、上述の藤原的イデオロギーの文書、とくに持統天皇亡き後、不比等が御方を介して設らえた、「輔弼」の権力を不当に、つまり疑似宗教的にさえ正当化しようとした、〈記紀〉の神代巻に対して、取られるべき処置でしょう。[9]

　以上のような深い問題性つまり弱点を「母子の情愛」に基づく「天皇制」は運命的に背負っているのだ、ということが忘れられてはなりません。しかし、「天皇」の存在はまた同時に、日本人を一つにまとめる、まさにその情愛の力を今も現実に保ち続けています。それがその久しい存続の根拠と言ってよいかもしれません。ですから、問題は、それが醸し続けている問題性と、それが保持し続けている日本人をまとめる力との折り合いをどうつけていくのか、それが日本人が将来にわたって取り組むべき課題と私は考えております。

この課題遂行を可能にするのは、外国の宗教や文化やイデオロギーを学習し、それらをこの国の状況に無造作に応用するというようなことではなく、まずもって日本人に内在する「母子の情愛」の霊性と、それが醸し出す功罪、とりわけその「罪(ざい)」の部分をめぐる、日本人自身による深い内省です。それがなされるとき初めて、日本人は外来の宗教や文化や思想も主体的に占有し、その良さを適切に活用しうるようになるでしょう。そして、それが、日本人自身による真の主体的な自己変革である、ということなのです。私はそう考えるようになりました。

1 鎌田東二『神と仏の精神史――神神習合論序説』(春秋社、二〇〇〇年)、126頁。
2 上山春平『神々の体系』、137、170、177頁。
3 鎌田、前掲書、64頁。
4 遠山美都男『大化改新』(中央公論社、一九九三年)、42頁。この引用文の後に遠山さんの詳しい解説が続きますので、参照してください。
5 上山春平『続・神々の体系』、116頁。
6 上山春平『埋もれた巨像』、35頁。
7 上山、同上書、240～241頁。
8 上山『続・神々の体系』、116頁。

9　ウォルフレンさんが言われる「宗教性の切り離し」の問題と並んで、わが国の「デモクラシー」にはその歴史的実現過程の問題というものが存在します。アメリカ人歴史家ジョン・ダウアーさんは、その著『敗北を抱きしめて』（三浦陽一、高杉忠明訳、岩波書店、二〇〇一年）の中で、日本における「民主主義を約束する権威主義的な支配という逆説」（301頁）という表現で、その問題を指摘しておられます。すなわち、日本人は天皇という権威からの賜物としてのデモクラシーという、本来のデモクラシーの歴史的成立とは明白に矛盾する実現過程しか経験していない、これが明治維新から現在まで続く日本人のデモクラシーへの未熟な意識の理由だ、ということです。日本の初代総理大臣伊藤博文も、近代的立憲君主制に立つ日本の「新政権は〔慈悲深い天皇からの〕自発的な贈り物として人民の上に授けられた」（ウォルフレン『日本／権力構造の謎』上巻、331頁より再引用）と述べました。ウォルフレンさんもわが国における民主主義の逆説性と未熟性を指摘するために、この伊藤の言葉を引用しておられます。

第五章　落語『百年目』――日本教の美点

〈立川志の輔、三遊亭圓生、ビートたけし〉

これまで、第一章では天皇への「輔弼（ほひつ）」による「巨大な無責任への転落の可能性」という丸山真男さんの指摘が惹起（じゃっき）した影響に言及し、第二章ではやはりこの指摘を受けての歴史論究と思われる上山春平さんの不比等〈記紀〉および「国家デザイン」制作主体説を跡づけ、第三章では上山説の蓋然性をきわめて高めてくれた森博達さんの『日本書紀』研究を紹介し、第四章では上山説における不比等の強調過剰に対し「事のおこり」としての持統を視野に据えることがわが国の国家構造の至当な理解をもたらすと論じました。

本書が理解する「日本システム」　すなわち、ウォルフレンさんが「国家（ステート）」ではなく「システム」としか呼べないとされたわが国の国柄は、日本人の究極価値「母子の情愛」が持統天皇という傑出した女帝を通じて国家構造形成の強力な原動力となったところに、その根源を有します。しかも、そこに「輔弼」としての藤原不比等が大きく介入し、きわめて特異な国家デザインを実現させました。これは、この構造形成途上で持統が没し、全権が不比等に渡り、そこで正史「神代巻」を創作したという、歴史的偶然の結果でもあります。

王のための輔弼（リージェント）の存在は人類の政治史上しばしば見届けうる事実ですが、しかしこの「天皇制」との恒久的併存を目論んだ「摂関制」、すなわち、天皇の母を絶えず「特定の家系」が供給するという、「血縁」を利用した輔弼システムは、やはりわが国固有の政治的発明であったと言わざるをえません。持統における「母子の情愛」はもちろんですが、それを継続させるために不比等が仕組んだこの統治の装置も、日本教の根本信条たる「血縁」信仰に深くつながるがゆえに、わが国では寛容に受け入れられてきたかと思われます。

いずれにしましても、それにより、統治者が絶えず「巨大な無責任への転落の可能性」を帯び、被統治者の心的傾向（メンタリティ）もそれに対する寛容とまたその模倣に傾くという、不思議な統治構造がこの国では継続してきたのでした。これが私が理解する「日本システム」です。

以上、ここまでの数章の議論を振り返りましたが、そこで確認したのは、この国の統治者らにおける「無責任性」の相貌でした。そこで、以下、本章からは、それに対する被統治者たちつまりは庶民における「無責任性」の様相を探っていきたいと思います。この国の人々もまた「母子の情愛」を中心的価値として生きているわけですが、実はその影響下、いつの間にか、統治者らの無責任性を問うよりはむしろ許容するような倫理的雰囲気を醸し出してきました。その有り様を追ってみようというのが、以下の三章です。

個人倫理と社会倫理

ところで、今、「倫理的雰囲気」という言葉を用いましたが、以下の議論を理解する一助となるかと思われますので、「倫理(エシックス)(学)」についてここで一言しておきます。倫理学では「個人倫理(インディヴィデュアル・エシックス)」と「社会倫理(ソーシャル・エシックス)」に分けて論じる伝統がありますが、「倫理」とはもともと「人間仲間の理(ことわり)(ルール)」という意味ですから、すでにそこに人間集団すなわち「社会」が前提されています。要するに、倫理学(タ・エーティカ)とは人間が共生する社会で互いに善と見て習慣化(エイオーサ)している振る舞いとその考え方(リーズニング)だと言うことができます。その中で、「個人倫理」は各人にその善き振る舞いに至るため諸徳(ヴァーチューズ)を身につけ確かな倫理的気質(エーソス)を形成する鍛錬を求めます(倫理的気質(エシカル・クオリティ)は自然的生得物でなく教育による文化的会得物です)。

これに対して、個人が属する人間集団、例えば民族共同体も、全体として一定の倫理規範とその考え方すなわち「社会倫理」を構築しています。そして、あのティリッヒの命題Aに則れば、それに多大な影響を与えているのが宗教教理とその価値体系なのです。本書で言えば、日本人の社会倫理に深い影響を及ぼしているのが「日本教」という宗教であり、「母子の情愛」という究極価値を中心とするその価値体系であるわけです。

民族特性を帯びた日本的社会倫理

というわけで、以下においては、この日本的社会倫理に影響された日本人に特徴的な振る舞い、とりわけそれらが醸し出す倫理的問題性を、検討していきたいと思います。言い換えれば、日本教の究極価値である「母子の情愛」が日本社会でどのような倫理的「弱点」を醸し出しているのかを見届けようということです。

その場合、検討の対象をメディアを賑わせる「文化現象」や「政治的社会的事件」等に求める可能性もありますが、以下においては、「はじめに」で申しましたとおり、わが国の大衆文学作品、具体的には「落語」と「歌舞伎」と「戯曲」を対象として、日本人の社会倫理的問題性を浮かび上がらせていきたいと思います。

大衆文学作品としての落語、歌舞伎、戯曲

個々の事象や事件ではなくこうした作品のテキストを取り上げるのは、それらが「大衆文学作品」として日本庶民の心性をより普遍的な形で描き出しているのではないかと考えるからです。それらにおいて日本人の心の動きを追い、しかもそこに「無責任性」への傾きを見届けることができれば、日本人の社会倫理的な「弱点」を指摘できるのではないかというのが私の想定です。

そこで、以下はまず、日本文化の良さを感じさせる落語『百年目』に日本人が理想とする「母子の情愛」の人間関係の典型を見届け、その上で、歌舞伎『三人吉三』、戯曲『父帰る』において、この関係が微妙に歪められていく状況を確認していきたいと思います。[1]

落語『百年目』に見る日本文化の得も言われぬ良さ　さて、日本文化には「得も言われぬ」良さがあるというのが、私の実感です。そして、管見ではありますが、今まで私が出会った日本人の人間関係を描いた作品の中で、最もその「良さ」を感じさせてくれたのが、この『百年目』という人情噺でした。日本人の「憧憬」（森有正）（前篇、39頁）と「感動」（土居健郎）（前篇、98頁）の対象である「母子の情愛」の関係が、この落語の「旦那様」と「番頭」の関係に見事に示されていると感じます。

日本の精神分析学の草分け、古澤平作さんが自身の臨床療法（セラピー）の理想型として憧れたという、親鸞と明法房（みょうほうぼう）との関係（前篇、165頁）も、ついにはこの旦那様と番頭の関係のようになったのかなあなどと、想像したりしております。

枕――仇討ちの口上　まず、この落語の題『百年目』を枕に話を始めます。これは「ここで会ったが百年目、いざ尋常に勝負、勝負」という日本人の「仇討ち」の際の定番の台詞から取られています。本来の口上はもっと長いのですが、これは敵に出会った仇討ち人の「ついに会うたぞ、逃がすものか」という思いを表わす台詞です。

と同時に、狙われていた敵が「もう逃げられない」と覚悟を決める、そうした意味にも用いられます。つまり、もはやこれまでと観念するときの言葉ともなったわけです。番頭が、この噺の「下げ」で、「ここで会ったが百年目、と思いました」と旦那様に言う、その言葉は、この後者の意味で用いられています。

私が初めて『百年目』を聞いたのは三遊亭圓生（六代目）さんの噺でした。その後、桂米朝（三代目）さんの高座もテレビで見た覚えがあります。ただ、その頃は噺の面白さだけが印象に残っていただけでした。けれども、六十代に入り、立川志の輔さんの『百年目』を聞き、あらためて「これが日本人のいいところだ」とつくづく感じ入ったわけです。

さて、枕はこれくらいにしまして、粗筋をご紹介します。この噺の起源は上方だ、いや江戸だとか言われ、筋も人物名も噺家さんにより異なりますので、以下は志の輔さん版に沿い[2]、私の勝手で起承転結に分けてご紹介してまいります。

〈起〉番頭の秘密の花見　ある大店の番頭治兵衛（じへい）は今日も店先で小僧たちに小言を言っています。彼は今年で四二歳、苦労の末番頭となり、「そろそろ自分の店をもたせてもらいたいものだ」

と期待している人物でした。彼の小言は奉公人には耳の痛いものでしたが、優秀なマネージャーからの商い(ビジネス)をめぐる貴重な忠告でもありました。

さて、ひとしきり小言を並べたあと、今日は大事な用があるからと出かけます。時は春、本当の目的は芸者衆を上げての派手な花見でした。いつも利用している駄菓子屋で着替え、大店のダンナに変身します。そして、柳橋から屋形船に乗り向島へ向かう途中も、障子を全部閉め切らせます。土手から覗き込まれて自分の正体がバレないようにするためでした。周りには堅物の番頭さんで通っている治兵衛も、実は遊び人であったのです。

さて、向島に着くと、芸者衆が「外で遊びましょ」とねだりますが、治兵衛は「俺は船に残る」との一点張り。そこで、太鼓もちの一八(いっぱち)が、逆さまにした扇子を治兵衛の頭に巻きつけ顔を覆うという名案を思いつきます。本人には扇の隙間から回りが見えるのですが、回りからはその顔は見えない、という寸法です。この工夫に安心し切った治兵衛は、

「本当か、見えない? だったら、上がってやるぞーっ。よーし、鬼ごっこだ。いいかー、オレに捕まった奴は丼鉢で酒を飲めー、逃げおおせた奴には祝儀をやるぞーっ」

と威勢よく言うと、土手に駆け上がります。

ここで、「チョウド、コノ日、この向島に、店の旦那様が、梅安先生という出入りのお医者様と

ともに、お花見に来ているということを、番頭さんは知ラナイノデゴザイマス」と、志の輔さんの思わせぶりのト書きが挿まれます（客の笑い）。

そして、この後、酔っ払って調子に乗った治兵衛の正体がバレてしまい、本人は茫然自失、旦那様の前で土下座し、これは暇を出されるに違いないと、店に戻って寝込みます。しかし、翌朝、旦那様に呼び出されると、暇出しどころか、店を持たせようとの温情溢れる言葉を賜り、治兵衛は喜びのうちに畏れ入った、というのが、この噺です。

〈承〉旦那様との鉢合わせ　今、筋の後半を急ぎ終えましたのは、そこに「日本人のいいところ」が含まれており、そこはあらためて丁寧にお伝えしたいと思ったからです。とりあえずはまず旦那様との鉢合わせ、そしてその後の治兵衛の狼狽ぶりをお伝えします。

芸者衆と治兵衛の鬼ごっこを遠くから見て、「あの方は踊りを習ってらっしゃる」などと旦那様はノンキに構えていたのですが、梅安先生が「お店の番頭さんでは？」と言うと、すかさず「あんな堅い男が花見なんかしやしません」と否定します。

しかし、そうこうするうちに、治兵衛が一八と勘違いして旦那様の腕を掴んでしまう場面になり、「ほらーっ、捕まえた！」と言います。旦那様は「お人違いですよ」と言いながら、やはりこれは治兵衛だと気づいた様子。それでもまだ気づかない治兵衛のほうは、「一八、往生際が悪いぞ」と勝ち誇って、扇子を顔から外します。

　すると、それが旦那様だとわかり、驚天動地の面持ちで、その場に土下座します。そして、次のような不思議議な口上を述べます。

「**お久しぶりでございます。長々とご無沙汰をいたしまして。お変わりもなく……**」。

　この言葉に旦那様は戸惑いますが、凡そを察して、「膝が汚れますよ」と治兵衛を気遣い、芸者衆にも「ケガのないように遊ばせなさい」と言い含め、ソサクサと立ち去ります。店に戻り、梅安先生に御礼を言って別れますが、治兵衛のことには一切触れません。

番頭の尽きぬ後悔　地べたにへたり込んでいた治兵衛は、一八に「これで払いを済ませてくれ」と金子を渡し、悄然と立ち去ります。以下は、彼の泣きっ面に蜂の反省の弁です。

「アアーッ、何で土手に上がったんだ。一八が扇子をつければと言うから……でも、扇子を取ったら同じなんだよ。何で選りに選って旦那様なんだ……三十年奉公して来年店をもたせてもらえるかもしれないってところまでこぎつけて、何で、今日、このザマなんだよーっ！」

　店に戻った治兵衛は、その日旦那様が花見にお出かけになったと小僧に確かめると、「やはり」と観念し、二階で床に臥し、不安と憔悴で心は揺れ続けます。

そこに旦那様が帰宅し、こちらも治兵衛のことを確かめ、風邪で寝込んでいると伝えられると、二階に聞こえるように大声で、「フーン、番頭さんがカゼをねー。大事な番頭さんだからね、お医者様を呼んだほうがいいんじゃないのかナァー」などと言います。

ここで再び、志の輔さんの、泣きっ面にハチの治兵衛を演じながらの、ト書きが挿まれます。「これ〔この旦那様の言葉〕を二階で聞いている番頭の辛いのなんの」（客の爆笑）。

旦那様との想定問答集　こうして、もはや暇を出されるに違いないと覚悟した治兵衛は、今度はいつ呼び出されるかと怯えながら、以下のような想定問答を繰り返します。

小僧が呼びに来る。呼ばれて行くと、旦那様と顔が会ったとたんに、「（怒りの表情で）**お前って奴は、堅物の顔をして、今までよくもこの私をっ**」て……イヤイヤ、違う、うちの旦那様が仰るのはこうだ。「（優しく、笑顔で）**長い間、ご苦労様、でも今日限りでもういいよ**」（客の笑い）。ウワアーッ、何で土手に上がったんだ（両手で何度も膝を叩きながら）。

イヤ、違う、今日はお呼びがないんだ。あれだけのことをやったんだから、一晩考えろってことなんだ。イヤ、違う、出てけってことなんだ。ううーっ、**出て行くよ。俺がやったんだから、しょうがない。**うん、出て行くんだったら、着れるだけ着よう、襦袢三枚に、着物を四枚、帯が三本……ウーン、動けない！（笑い）。

マテヨ、そうだ、逃げちゃいけないんだ。小僧が「番頭さんはいらっしゃいませんでした」と言うと、旦那様は「いない？　あれだけのことをやっておいて、何の挨拶もなく、いない？　ああ、もともとこの店に居着くつもりはなかったんだ、**裏切り者の番頭め……**」――そうか、いなくちゃいけないんだ。着物は脱ごう（笑い）。

こうして、着たり脱いだり、揺れ動く思いに悩まされながらも床に就いた治兵衛でしたが、寝れば寝たで、小僧たちに「オイ、番頭！」と呼び捨てにされ、旦那様に番頭を殴ってもいいと言われたと、よってたかって殴られる夢を見ます。

そして、朝早く目覚めると、どういうわけか小僧から箒を奪い、殊勝にも自ら店の表を掃き始めます。そのときようやく小僧をとおして旦那様のお呼びがかかったのですが、それも上の空、しつこく返事を求める小僧に、思わず「今行くって、そう言っとけーっ」と怒鳴ってしまいます。

この治兵衛の返事を揶揄しながら伝えてきた小僧に対し、旦那様は、「ああ、そうかい。番頭さんがそう仰ったとしてもだ、なぜ、今すぐおいでになります、と穏やかに言えないんだ。それは教えてあるはずだ。また眠れるのか」と言うと、次のように叱りつけます。

「小さい時分には可愛いと思ったが、可愛がったら可愛がったで、いい気になって。**米の飯が天辺に上がった**〔身の程知らずに増長した〕**というのは、キサマのことだーっ！**」

ここで再び、「これを廊下で聞いている番頭の辛いのなんの」と、治兵衛の参り切った姿を志の輔さんが体をよじらせ演じます（客の大笑い）。

〈転〉旦那様が煎じるお茶を一服　そのとき旦那様は、廊下まで来ていた治兵衛を見届け、小僧を去らせると、愛想よく、「おや、番頭さんかい、お茶をご馳走しようと思ってね」と部屋に呼び入れます。最近習い立ての煎茶を「一杯、飲んでかないかい」と言うのです。そして、座布団を勧め、「遠慮は要らないよ」と言うと、すかさず次のように言います。

「うちで遠慮は要らないんですよ。エンリョは外でするもんです！」

治兵衛は、これを昨日の花見への当てつけと受け止め、目を見開き、口をとがらせ、肩をすくめます！（客の笑い）そして、このあと、旦那様は、小僧を「たった一言叱るだけであんなに疲れる」のに、「お前さんは毎日あんなのが束になっているのを叱っている。偉いもんだ」と、治兵衛を誉めます。

「ダンナ」の話　そして、受け売りだがいい話だと思ってと、「ダンナ」という言葉の由来について、治兵衛にとくとくと語ります。それは、インドにあった「梅檀（せんだん）」という立派な木と、その根元にあった汚い「難莚草（なんえんそう）」という雑草が、お互いもちつもたれつで生い茂り、そこから梅檀の「ダン」と難莚草の「ナン」を取って、「ダンナ」となった、私とお前さん、お前さんと奉公人たちも、これで行きましょう、という話でした。

こうして、治兵衛は恐れていた暇出しも言い渡されず、かえって優しい扱いを受け、恐縮至極となりますが、旦那様はじっくりお茶を入れ、さらに治兵衛をもてなします。

そのとき、志の輔さんの独得の間合いで、「それにしても、昨日は楽しそうだったねぇ！」と、旦那様の台詞（客の大笑い）。

治兵衛の嘘　すると、治兵衛はとっさに言います。**「お客様のお伴であそこにおりまして」**。「おや、そうかい。お客様のお伴でね……」と旦那様。そして、毅然と、

「お客様のお伴で遊んでいたのか、そうでなく遊んでいたのか、一目見てその区別がつかないようでは、これだけの店の主（あるじ）はやれません！」（客の中手）

治兵衛は嘘を見透かされ、恐れ入って頭を下げるばかりです。旦那様は、しかし、調子を変え、「そう、お客様のお伴で遊んでいたんでショッ」と言うと、「お客様と遊ぶときは、お客様より必ず余計にお金を使うこと」と、商人（あきんど）の心意気をあらためて伝えます。

旦那様の誉め言葉　そして、また調子を変え、和らかく、そして優しく、治兵衛に言います。

「お前さん、ゆうべは眠れたかい？」

この一言で旦那様はようやく本題に入ります。「番頭にしたのだから信頼して帳面も見ないでき

たが、夕べだけは見せてもらいました」と言い、そして、治兵衛が店の金に手をつけたのではない証拠に、「どこに出しても恥ずかしくない、見事な帳面でした」と褒めます。

そして、さらに、「あなたは店のお金で遊んでらっしゃったんじゃない。お客様がお前さんとこれからもっと良い商いをと望みながら〔小遣いをくださり〕、気がついたらお前さんを遊ばせてくださったんだ」と続け、最後に、

「つまりは、お前さんはもうとっくに一軒お店をやれるだけの商人（あきんど）の才覚を備えてらっしゃった！　驚きました」

と、最高の誉め言葉を贈ります。

〈結〉旦那様の平謝り　ここから、旦那様は、治兵衛が十一のとき、まだオネショも取れない役立たずの鼻垂れ小僧で、店にはお情けで入れてやったこと、けれども、努力の末、二十歳過ぎには、とうとう番頭にまで伸し上がったことなど、思い出話を広げます。

「あのお前さんが番頭さんになったんだよ。本当に嬉しかった。——でも、ゆうべは、それより嬉しかった。そして、悔しかったです。**とっくに一軒店をもてるだけの商人になってらっしゃることを、昨日まで気がつかずにいた自分が情けなくて、悔しくて、腹が立って……本当に申し訳なかった**」と言って、土下座に近く、畳に頭をすりつけます。

そして、おもむろに頭を上げると、間髪入れず、次のように宣言します。**「来年、店をもってもらいます。必ずもってもらいます」**。「その代わり、それまでの間、お前さんなしでは店は立ちゆかないから、今までどおり番頭をやっておくれ」と、また深々と頭を下げます。

治兵衛はこの旦那様の平身低頭にびっくりしつつ、今度は自分が両手をついて頭を垂れ、「よろしくお願い致します」と言います。すると、旦那様はいかにもホッとして、「ああ、良かった、アリガトウ、肩の荷が下りました」と、治兵衛への感謝を繰り返します。

このあと、旦那様はお茶をもう一杯とすすめ、ヨカッタ、ヨカッタ、良かったと言えば、昨日のお前さんの足取りもヨカッタネー、踊りは（隅に置けない奴だとでも言うように）いつから習ってたんだい（笑い）と続け、「ご苦労さんだった」と、治兵衛を店先に戻します。

落ち ― ここで会ったが百年目！　しかし、フト思い出して、呼び止めます。「アーッ、番頭さん、待っておくれ。大事なことを聞き忘れたよ。戻っとくれよ、座って、座って。イヤ、そりゃね、昨日、ハチ合わせしましたよ。お前さん、扇子を飛ばして、土下座した。それはしょうがないと思うよ。けどね、お前さん、あのとき妙なことを言ったね。『お久しぶりでございます。長々とご無沙汰を……』どうのこうのと。アハハハハ。何であんなことを言ったんだい。だって、そうだろ。長年、同じ屋根の下で暮らしながら。それに昨日だって、朝のアイサツ交わしたじゃないか。何であんな妙なことを言ったんだい？」

「ハイ、長い間、堅い、堅いと思われてきましたこの番頭の私が、あんなブザマな姿でお会いしたものですから、ここで会ったが百年目、と思いました」。

これが、長くなりましたが、落語『百年目』です。日本人の「良さ」をしみじみと感じさせてくれる人情噺と思っております。読者の皆さんはいかがでしょうか。

何が良いのか、一言で言いますと、「旦那様」が「番頭」の失態にもかかわらずあくまでも彼を庇いとおした、という点です。そのトンデモナイ所業を全面的にゆるしたのです！

日本ではあらゆる人間関係に広げられる母子の情愛の関係　私はこの噺が「母子の情愛の関係が日本社会の他の人間関係に適用され」る（前篇、174頁）典型の一つと感じております。旦那様と番頭は血縁でも母子関係でもありません。しかし、番頭の不祥事をどう収めるかというその解決の仕方に旦那様の日本的な母性的情愛が滲み出ています。

河合隼雄さんによれば、父性原理は「よい子〔だけ〕がわが子」ですが、母性原理は「わが子は〔どんな子でも〕すべてよい子」でした（前篇、115～116頁）。この原理が旦那様と番頭の関係回復のために鮮やかに働いています。子が母との関係を破綻させたとしても、母はどこまでも「よい子」として接し、その綻（ほころ）びを繕うのです。そこでは「親から子への無限の情愛による保護と世話」が、しかも「自然発生的に」行われるのです（前篇、95〜97頁）。

ここで繰り広げられているこの破綻の解決の仕方こそ、まさに京極純一さんが言われるわがくににおける「母性愛による子の難局の処理」（本書、26〜27頁）にほかなりません。破綻した親子関係の回復は日本人以外の他民族においても確かめられるかもしれません。どんな民族であれ、理想的な親子関係であれば、子が親を一旦は裏切ったとしても、親が子をゆるし、その関係の綻びを繕うということは、「人間本性」の事柄としてありうることです。

しかし、『百年目』の場合の日本的な特徴を挙げるとすれば、これが親子ではない者の間で、親子であるかのように、行なわれているということです。それでも、そんな現実は自分の国でも養子縁組の親子でありうる、と言われる外国人の方がおられるかもしれません。しかし、旦那様と番頭はもともと赤の他人です。それでもこの国では「母子の情愛」の関係が起こるのであり、やはりこれは日本人に独特と言えるかと思います。

子の口愛サディズムをゆるす自己犠牲的な日本の母

この出来事の中でさらに日本的と言いうる特徴があるとすれば、それは旦那様による問題解決のための振る舞い方でしょう。

その際念頭に浮かびますのは、前篇でご紹介しました、わが国の精神分析療法の草分けであった古澤平作さんが理想とされた「子どもの口愛サディズムをゆるすマゾヒズム的な……自分を食べさせて子どもを支える母」（前篇、166頁）のイメージです。

古澤さんの一番弟子小此木啓吾さんは、この母親像を古澤さんが「治療者」としての自分に「理想化」しておられたことに、異議を唱えられました。その線を推し進めていくと、治療者は患者に「ゆるし」を与えるいわば宗教的存在、「釈迦＝超自我」のようになってしまうからです。これは患者と平等な立場でその話に傾聴し、その心を受容して、問題を分析する「自由連想法」による治療者の在り方とは相容れないというのが、小此木さんのご意見でした（前篇、165～166頁）。

私自身もこの批判はご尤もと思いますし、小此木さんが言われる治療者像のほうに共感を覚えるわけですが、[3]古澤さんが治療者と超自我的な「ゆるす者」とを同定しようとされた問題性はさておき、古澤さんが憧憬し続けられた、自分を犠牲にしても子を救う母、というイメージそのものは、日本人論にとっては重要な事柄だと思えてなりません。

母の自己犠牲にとろかされて生じる子の罪意識

そのイメージの中に想定されている内容を、古澤さんが残された希少な言葉で表現しますと、「親の自己犠牲にとろかされてはじめて、子どもの罪意識が生じる」（前篇、166頁）というものです。

ここではすでにこの関係の破綻状況が前提されています。失態か故意の敵対か、いずれにせよ子の側の原因（精神分析学的に言えば「口愛サディズム」）でこの関係は由々しく支障をきたしているのですが、母はそこから出てくる損失や悲痛の一切を自己犠牲的に背負ってでも子を救おうとするのです。母のそうした子の罪滅ぼしのための自己犠牲を目の当たりにし、子は初めて罪の意識に目覚め、母のありがたみに感謝を覚えるという、これが古澤さんのいわゆる「〔母の〕自己犠牲――〔子の罪責意識〕とろかし論」です（前篇、166頁）。これが破綻が生じた人間関係を修復しようとする際の日本人に独特なやり方なのです。

　そして、これが『百年目』において典型的に跡づけられます。繰り返しますが、旦那様は治兵衛をあくまでも庇いとおしました。しかも、その失態をゆるした上で、治兵衛を生かす道を選び、先の道備えまでしたというのが、この人情噺です。

治兵衛をあくまで庇う旦那様

　旦那様は、治兵衛の失態においても、彼の正体が周りに気づかれないよう配慮します（桂米朝版の『百年目』では、旦那様が「これはうちの番頭じゃで」と周りに明かして、「ケガささんように遊ばして」と頼むのですが、志の輔さん版では治兵衛のことは明かしません）。こうしたシナリオにあくまで治兵衛を庇う旦那様という一貫した演出が看て取れます。店に戻っても、治兵衛の罪状を店の使用人たちに告げるなどということはせず、彼の仮病にも寛大な心をもって接し、翌朝も言うべきことを直には言わず、まず彼をお茶に誘い、緊張で凝り固まっている相手の心をほぐします。二人でお茶を啜りながら、「お前さん、夕べは眠れたかい」と優しく気遣う言葉をかけます。

本題に入る際も、まず彼を褒めます。「偉いもんだね、見事な帳面でした」と、治兵衛の落ち度はどこにもない、お得意様との付き合いで貯めた小遣いで遊んだんだと言い切り、「お前さんはとっくにお店をやれるだけの商人の才覚を備えてらっしゃった！」と飛び切りの褒め言葉を贈ったのです。

頭を下げるのは子ではなく親！

その上で、自ら、畳に頭をすりつけるほど、謝ります。なぜ謝るのかと言いますと、それは、治兵衛が「とっくに店をやれるだけの商人になってらっしゃる」のを「気がつかずにいいた自分が情けなくて」、「本当に申し訳なかった」からです。これが旦那様が治兵衛をゆるすためいわば無理矢理絞り出した謝罪の理由でした。

このあとは、見ましたように、「来年、必ず、店をもってもらいます」と治兵衛が待ちに待っていた吉報を宣言し、治兵衛も喜んでこれを受け、事は大団円に納まります。

このハッピーエンドがあってこそあの「落ち」も生きてくるのですが、本書がとくに強調したいのは、この旦那様の振る舞い方、とりわけ相手より自分を責める風の態度です。

母の自己犠牲による子の罪滅ぼし

「母の自己犠牲——子の罪責意識とろかし論」で言えば、

ここが母の自己犠牲の部分です。自身には何の責めもないのですが、子の罪を母が代わりに背負って自分が悪かったと謝罪し、子の心を罪の意識と悔い改めへと誘うという、日本人固有の方法です。もちろん、意識してそうしたのではありません。日本人の心に元来植えつけられてきたあの母子の情愛の価値観に思わず知らず促されて、そうしているのです。

治兵衛は本来は自分が畳に頭をこすりつけて謝るべきところを、旦那様にそうされてしまい、恐縮至極、今度は自分が畏まって両手をつき頭を垂れました（三遊亭圓生さんの『百年目』ではここで「泣き」が入ります。圓生さんは治兵衛が謝罪しつつ感謝する姿を見た旦那様が感極まり「涙」を押さえ切れず拭う仕草をここで挿みます。そこで客も思わずホロリとしてしまいます）。

この旦那様の振る舞いがいかにも日本的な母性的情愛の極致と私は感じ入っているわけですが、いかがでしょうか。

偽りと裏切りへの当然の報いとしての解雇

ところで、こういう場合に一般の人々が常識的に取る行動、その処置とはどんなものでしょうか。実は、それは、旦那様からはこう叱られるに違いないと、治兵衛がいろいろと想定した言葉に、すべて言い表わされています。

「お前って奴は、堅物の顔をして、**今までよくもこの私を〔だまし続けてきたな〕**」、

「もともとこの店に居着くつもりはなかったんだ、**裏切り者の番頭め**」。

治兵衛はこのように自分の取った行動を旦那様に対しては「偽り」と「裏切り」としています。そして、その報いについては、

「長い間、ご苦労様、でも**今日限り**で、もういいよ」

と、今日を限りの暇出し、つまり「即時解雇」の言い渡しと考えたわけです。そうされても、「あれだけのことをやったんだから、しょうがない」と観念したのでした。

本人自身が以上のように覚悟したわけですから、これがやはり一般的な――つまり万人に共通する――この罪への処罰である、と考えるのが自然でしょう。正義の観念に基づく応報(タリオン)の原理に則れば、それが当然の報いと思われます。

ちなみに、治兵衛の慌てぶりを軽々に伝えてきた小僧に対して、「米の飯が天辺に上がったというのは、キサマのことだ!」と旦那様は叱りつけましたが、これは実は治兵衛への旦那様の「本音」と取ることができます。また、「お客様のお伴であそこにおりました」という治兵衛の「嘘」を、「一目見て」見破れないようでは「これだけの店の主(あるじ)はやれません!」と、言外に諫めた旦那様の言葉も、治兵衛の罪への本来の糾弾を暗示しています。

黒を白と言いくるめる旦那様　しかし、現実の旦那様の治兵衛への扱いはこれとはまるで違いました。「そう、お客様のお伴で遊んでいたんでショッ」と、治兵衛の嘘の「黒」を潔白の「白」

と言いくるめます。ここに治兵衛を庇いとおす覚悟が明らかです。

ともかくも驚くべきは、治兵衛が謝る前に、自ら平身低頭し、「悪かったのは私だ、ゆるしておくれ」と旦那様がまず謝るという、一般常識からはかけ離れた事態です。治兵衛はこの想定外の展開にびっくりし慌てるわけですが、しかしこの旦那様の姿をあらためて目の当たりにし、その心中には「申し訳なさ」と「有り難さ」がいや増しに増し加わります。母の自己犠牲が子の罪責意識をとろかしたのです。これが、こうした場合の「母が子の難局を救う」という日本的な問題の解決法なのです。

日本人であれば誰しもがこの筋書きに酔い、感激してしまいます。「ビートたけしさんが、一番泣いたのが圓生師匠の『百年目』だと、かつて言っていた」と、立川談慶さんが伝えています。[4] 私も『百年目』を聞き終わると、「いいなあ、これが日本人の良さだなあ」と感じ入ってしまうのです。

『百年目』は「日本人の良さ」の理念型的な文学テキスト　ところで、しかし、この落語は、こうした「日本人の良さ」すなわち「母子の情愛」の価値を——マックス・ヴェーバーの表現を借りれば——「理想型（イディアルテュプス）」的に描き出した人情噺であり大衆文学作品なのであることを覚えておきたいと思います。現実はすべてこのようにはいきません。

そして、本書がこれから取り扱おうとしているのは、こうした理念型的な「母子の情愛」の状況からはある種逸脱した現実を描いている文学テキストです。すなわち、それらは、私が考えます日本人の社会倫理的問題性を示唆するテキストということになります。

それらをめぐる私の解説を読んで、なぜそれらを日本人の良さからの「逸脱」とまで呼ぶのか、訝しく思われる方々があるかと思います。それを私なりに明らかにしようというのが以下の議論であり、読者の皆さんには何とかご理解いただけるよう、その訝しさも晴れるよう、努めていくつもりです。

あらためて覚えておくべき治兵衛の反省

最後に、落語『百年目』は「日本人の良さ」の理想型を保っているが、その重要な要素として、治兵衛の罪状とその処罰へのしっかりとした言及も含んでいたということを、もう一度、指摘しておきたいと思います。

なぜその念押しか。もしこの噺でそれらの要素がなおざりにされていたならば、あの旦那様の治兵衛への情愛極まった「ゆるし」も、締まりのないただの「甘やかし」としてしか受け取られなかっただろうからです。治兵衛が自らの罪を自覚していたということが、旦那様のゆるしの「ありがたさ」を際立たせております。そして、それら二つが緊張の糸で結ばれていることが、この噺全体に意味深い、締まりのあるバランスを与えています。それによって「日本人の良さ」の理念型が保たれているのです。

この治兵衛の罪の自覚、すなわち正義に基づく応報の原理への自覚が、これから取り上げる『三人吉三』や『父帰る』という文学テキストにおいては曖昧化され、放置されてしまっているという点が、それらが抱える問題性なのだということを、以下、指摘してまいります。

1　二〇世紀アメリカの代表的キリスト教神学者ラインホールド・ニーバーがその著『道徳的個人と非道徳的社会』で示した説得力ある主張は、人間が集団として行動するとき、その徳は個人の徳に比べ質的に劣化する、というものでした。日本人の究極価値「母子の情愛」も社会倫理のレヴェルで拡張適用されると、その美しい実質を失い、歪みを生じさせるのかもしれません。本来、現実の母子間で人格的（パーソナル）に経験されるべき価値が、社会倫理的に規範化されると、その人格性が希薄化し、かえって有害な結果をもたらしてしまうのでしょうか。Reinhold Niebuhr, *Moral Man and Immoral Society* (Charles Scribner's Sons, 1932) を参照してください。

2　以下で用いますこの落語のテキストは、二〇一三年一月に東京は渋谷パルコ劇場で演じられた立川志の輔『百年目』に依るものです。

3　この問題との関連で、ご参考までに、以下のキリスト教史の出来事をお伝えいたします。宗教改革者ルターがカトリック教会改革のために掲げた要件としては免罪符（インドゥルゲンティア）と聖職売買（シモニア）への反対が有名ですが、あまり注目されてこなかったことで告解（コンフェッシオ）への反対があります。神父さんが懺悔室で信者の罪の告白を聞き、神からの「ゆるし」を告げるという儀礼ですが、ルターはプロテスタント教会ではこれを廃止し、信徒どうしで――罪の悔い改めを含め――霊的配慮に努めるべきと説きました。彼は告解の儀礼に聖職者の神格化の危険を見届け、この儀礼にまつわる宗教的悪臭を嫌悪したのでした。

4　立川談慶「『百年目』に学ぶ部下を叱るときの『ターニングポイント』」、『日経ビジネス――ビジネスに役立つ落語』（二〇一九年五月一七日）。

第六章　歌舞伎『三人吉三』——親分に上納される子分の百両

〈河竹黙阿弥、川島武宜、森有正〉

前章では日本庶民に親しまれている「大衆文学作品」のうち落語『百年目』を取り上げ、そこに「母性愛による子の難局からの救い」（本書、117頁）の典型例を見届けました。その上で、第六、第七章では、この「母子の情愛」の関係が「微妙に歪められている状況を確認していきたい」（本書、105頁）と申しました。私はその「歪み」が「統治者らの無責任性を問うよりはむしろ許容するような〔日本の庶民の側の〕倫理的雰囲気」（本書、103頁）をもたらしていると考えております。それは、換言すれば、『百年目』の治兵衛にあった罪の自覚を促す応報（タリオン）の原理を曖昧化してしまうという日本的社会倫理が抱える問題性なのですが、それを本章では歌舞伎狂言『三人吉三』に見ていきたいと思います。

この作品を取り上げる理由は、これが今でも日本人には人気の歌舞伎演目のステータスを保ちつつ、日本的な「母子の情愛」を悪党どもの親分子分の関係において象徴的に映し出し、しかもそれが『百年目』とは微妙に異なる「歪み」を醸し出しているからです。本書の視点からは、これは日本庶民における「母子の情愛」の社会倫理的な問題性を垣間見させてくれるいわば格好の検討対象と思われるのです。

台詞の心地良さに隠されてしまう問題性

さて、「月も朧に白魚の、篝もかすむ春の空……」

と始まるこの歌舞伎冒頭の、お譲吉三のいわゆる「厄払い」の下りは年配の日本人なら誰もが一度は聞いた覚えがある歌舞伎界で最も有名な台詞の一つです。女装のイケメンお譲吉三のホロ酔い気分のこのセリフだけで、日本人は心地良くこの芝居に引き込まれていきます。その「粋」さ加減への没入が心の箍を緩ませてしまうのですが、ともかくも「大川端庚申塚の場」全体が三人吉三の端切れのよい「七五調」の台詞回しで進みます。

「我が国のシェークスピア」河竹黙阿弥

その七五調の台詞の達人、原作者河竹黙阿弥（1816-1893）は、日本近代文学の先駆者坪内逍遥（1859 - 1935）から「我が国のシェークスピア」[1]と称されたほどの歌舞伎脚本家で、江戸末期の庶民社会を描いた世話物の中でも「白波」つまり盗賊を描いて人気の高かった作者でした。その彼が自身の代表作としたのがこの『三人吉三』で、一八六〇年、

「庚申」の年の正月に初演されました。

しかし、三人の悪党と廓の話を絡ませ、お嬢吉三を八百屋お七にかぶせるといった穿った仕掛けも禍いしてか、初演は当たらず、約四十年後、一八九九（M32）年に、廓話の部分をさっぱりと切り落とし、『三人吉三巴白波（ともえのしらなみ）』として再演されると大評判となり、その後は定番の人気狂言として今日もなお上演され続けているわけです。

小学生の頃、同じ黙阿弥作の『弁天小僧』や『白波五人男』の映画を見たことを思い出します。今でも弁天小僧を歌った美空ひばりのベランメエ調の歌謡曲が口をついて出てきますし、市川雷蔵の女装の菊之助が目に焼きついています。この「庚申塚の場」もテレビ中継で見たかと思います。子ども心に、和尚（おしょう）吉三が、お坊吉三とお嬢吉三の刀の前に、袖をまくって両腕を曝し、「大見得」を切るその場面を、印象深く覚えています。

『三人吉三』「大川端庚申塚の場」

そこで、以下、まさに本書で問題としたい場面が展開するこの「庚申塚の場」をご紹介します（簡潔化のため、私なりに翻案しております）。

――舞台は、隅田川は両国橋の北岸、庚申塚〔道教由来の道標〕が上手（かみて）にあります。女装のお嬢吉三がおとせから百両を奪い川へ突き落とすのをお坊吉三が陰から見ており、「その金、よこせ」と登場し、二人は刀を抜いて対決します。そこへ彼らより一枚上手の悪党和尚吉三が現われ、結果、双方を円く納めます。場面は次のように展開します。

和尚：二人とも待った、待った。どういう訳か知らねえが、留めにはいった、待って下せえ。
　……丸く納めに渾名さえ坊主上がりの和尚吉三、……小粒の山椒のこの己に……さらりと預けてくんなせえ。

お坊：そんならこなたが名の高い、

お嬢：吉祥院の所化〔修行僧〕上がり、

お坊：和尚吉三で、

両人：あったるか。

——というふうに、すべて七五調の、小気味よい台詞が続きます。そこで、頭も丸い和尚が二人を円く納める仲裁の手始めとして、まず、「不承であろうが、此白刃、己に預けて引いて下せえ」と提案し、二人は和尚が言うならと、刀を引いて左右に分かれます。そこで、和尚が、次のような和解の条件を提示します。

和尚：茲は一番己が裁きをつけようから、厭でもあろうがうんと云って話に乗ってくんなせえ。
　互いに争う百両は二つに割って五十両、お嬢も半分、お坊も半分、留めにはいった己にくんねえ。其の埋草に和尚が両腕、五十両じゃあ高いものだが、抜いた刀を其儘に鞘に納めぬ己が挨拶。両腕切って百両の、高を合わせてくんなせえ。

――と言って、和尚は腕まくりし、両腕を二人の前に突き出します。早い話が、自分の腕を切り、それぞれ五十両で買い取ってくれ、と言うわけです。抜いた刀は切らずに鞘には納めさせない、と言うのです。和尚のこの気迫のこもった提案に、二人は「物は当って砕けろと、力にしてえこなたの魂」と感心し、

お坊：流石（さすが）は名うての和尚吉三、両腕捨てての此場の裁き、

お嬢：切られぬ義理も折角の志し故詞を立て、

両人：貰いましたぞ。

和尚：おゝ遠慮に及ばぬ、切らっしゃい。

――ここが大向こう受けする見せ場で、観客のほうも三人の心中を粋に斟酌しなければならないところです。果たして、二人は、顔を見合わせ黙して合意し、和尚の両腕を刀で引き、傷をつけると、すぐにそれぞれが自分の腕も同様にします。そこで、二人が、「互いに引いた此腕の、流るる血汐を汲交（かわ）し」、「兄弟分に」、「なりたい」、「願い」、と言うと、和尚も「こいつぁ面白くなってきた」と受け、そこまで言うのは「自惚（うぬぼれ）」のようで控えていたが、二人からそう言ってくれるのは「何より嬉しい」と、庚申塚の供物の「土器（かわらけ）」を取り、三人の腕の血を注ぎ、

「かための血杯（さかずき）」を呑み交わします。二人が「まず兄貴から」と言うと、和尚が「そんなら先へ」と呑んでお坊へ渡し、お坊が呑んでお嬢へ渡し、お嬢が呑んで和尚へ返すと、和尚は土器を河原に叩きつけ、粉々にし、

和尚：是で目出度く砕けて土となる迄は、
お坊：変わらぬ誓いの、
お嬢：兄弟三人。

――となるわけです。そこで、残った問題は例の「百両」ですが、まず和尚がそれを「二つに分け」、「是非とも二人に半分宛（ずつ）」と渡そうとしますが、二人はこれを受け取らず、「捨つる命を救われし」、「礼というではなけれども」、この金は和尚が「納めて下せえ」と戻します。それでも、和尚が「いゝや、是は受けられねえ」と言うと、二人は再び顔を見合わせ合意して、「そんなら一旦受けた上」、「又改めておぬしへ」、「返礼」、と言い、儀礼的に受け取った上で、この仲裁への御礼として、あらためて和尚に渡すのです。そこで、この場は、和尚の次の言葉で締め括られます。

和尚：むゝ夜がつまったにべんべんと、義理立てするも面倒だ、いなやを言わず此金は、志し
　故貫って置こう。[2]

と、まあ、これが、『三人吉三』の、ここだけでも日本人観客は満足する「庚申塚の場」なのですが、その満足感には、小気味よいセリフ回しの他に、名うての泥棒二人が初めは血で血を洗う勢いであったのに、三人目の親分格が登場すると、手の平を返すように矛を収め、それどころか何と血を分けた「兄弟三人」となった、という展開への爽快感も含まれるかと思われます。日本人なら、こう来なくっちゃ、こうなるのが当たり前でしょと、拍手を送るわけです。

「母子の情愛」の視点から見る「庚申塚の場」

観客にこの満足感をもたらしているのが、私に言わせれば、日本教の根本信条「母子の情愛」の関係です。関係者全員が無意識に――いや、無意識と思えるほど心中深く――この信条を共有し、それに促され、作者は筋を整え、役者は役に成り切り、観客は満腔の共感で拍手し、事が運ばれていくのです。

「母子の情愛」の関係と申し上げましたが、三人は「兄弟三人」と言い、親分子分となったわけだから、「親子の情愛」くらいの表現ならまだわかる、と思われた方もあるかもしれません。しかし、お坊とお嬢の諍いを「丸く納めに」入った和尚は明らかにすべてを包み込む「母親」の役目を果たしています。「よい子〔だけ〕がわが子」と、子どもを能力で選別し、それがなければ見切りをつけ切断する「父親」の料簡であったとすれば、二人をそのまま戦わせ、優劣をつけ、さらにはその勝者と自ら戦い、従わせたかもしれません。

けれども、和尚はお坊とお嬢を包み抱える母として振る舞っています。ですから、三人がここで交わした血の契りも「母子の情愛」の関係と言えるのです。これが日本ではあらゆる人間関係に広く適用されるのだと申し上げてきたとおりです（前篇、115～117、174頁）。

『三人吉三』に見えてくる社会倫理的問題性

このように、『三人吉三』もたしかにここまでは日本教の究極価値「母子の情愛」を導きの糸として展開されていると言えるでしょう。けれども、前章の落語『百年目』が日本人の「母子の情愛」の理念型的テキストを示しているとすれば、この『三人吉三』や次章で取り上げる『父帰る』という文学テキストはそれとは異なり、日本人の社会倫理の問題性を象徴している、と言わざるをえません。

歌舞伎ファンなら、「庚申塚の場」の醍醐味を味わえば、「これ以上の詮索は野暮、これで御仕舞い！」と言いたくなるかもしれませんが、本書はそうはいきません。この作品の問題性を指摘していかねばなりません。

そこで、事始めとして、法社会学者川島武宜さんが、その著『日本人の法意識』（岩波書店、一九六七年。以下の引用は、他の注記以外、すべて同書より）で、この「庚申塚の場」を日本人のもめ事の典型的解決例と見ておられる見方をご紹介したいと思います。

「調停」ではなく「仲裁」のみの日本社会

川島さんのこの書の目的は、「今日もなお」日本人の「社会生活の中に根強く残存」している「前近代的な法意識」を明らかにする、ということでした。それはわが国の「書かれた法」すなわち近代諸国の成文法に並ぶ法に対し「重大なずれを生じている」日本人の法意識のことです（ii頁）。

そして、この問題との関連で、川島さんは、「調停」と「仲裁」という法概念の違いについて述べ、日本人の伝統的紛争解決法はもっぱら「仲裁」であった、と結論されます。すなわち、「調停」とは紛争当事者以外の第三者（複数でもよく通常は3人）が彼らに和解条件を示し、彼らの「合意」により和解に至るよう「促す」ことなのですが、これに対し、「仲裁」とは当事者以外の第三者たる私人（仲裁人）が紛争解決のための決定を下すことであり、当事者たちはそれに「拘束され」ます。そして、日本人のもめ事の解決はもっぱらこの後者に依ってきた、と言われるのです（154頁）。

川島さんによれば、かつての『広辞苑』の「調停」の項も「中に立って双方を円くまとめること。仲裁」と定義していますように、日本人は「調停」と「仲裁」とを「明確に分化して」きませんでした（155頁）（現在の『広辞苑』でも「調停」の定義はさほど変わっておりません）。要するに、日本人には紛争当事者の意思や言い分を汲んだ「調停」などなく、ただ第三者による一方的指示としての「仲裁」があっただけなのです。

日本人の紛争解決法

そして、そのわかりやすい「例証」として川島さんが引き合いに出されたのが、上述の「庚申塚の場」でした。そこから日本人の「仲裁」を成立させている四側面を興味深く説明しておられますので、要約してご紹介します。

(1) 日本人の紛争解決法の主眼は、紛争当事者のどちらが「正しい」かを明らかにすることにはなく、彼らの間に「丸く」「角」のない「仲のよい関係」を作り出すことにある。

(2) 紛争当事者は「上級身分」者に紛争を「預けて」、この「仲裁人」による「裁き」すなわち解決を願う。

(3) 仲裁人は当事者が下級者であっても彼らの「顔を立て」、仲裁への彼らの自発的「同意」を求め、彼らも仲裁人の「顔を立て」、仲裁を「一任」する。

(4) 当事者は上級仲裁者との間に「擬制的親族関係」を作り紛争の解決に至る。この関係は、上級者が下級者に「恩」を「与える」施恩と、下級者からの「報恩」とを基本に成り立つ。ただし、これは「多分に儀礼的な……行為」である（160～162頁）。

以上は法学者らしい言葉遣いで「庚申塚の場」の出来事を客観的に観察した的確な説明と思われます。事の経過を具体的に振り返りますと、(1)の「丸く角のない仲の良い関係」づくりという点については、すでに申しましたように、和尚はお坊とお嬢の諍いを「丸く納め」、すべてを平和裡に包み込む「母」としての役割を果たしました。和尚は自分を含めた三人を「母子の情愛」の関係

郵便はがき

恐縮ですが
切手を
お貼りください

113 - 0033

東京都文京区本郷 4-1-1-5F

株式会社ヨベル YOBEL Inc. 行

ご住所・ご氏名等ご記入の上ご投函ください。

ご氏名：　　　　　　　　　　（　　　歳）

ご職業：

所属団体名（会社、学校等）：

ご住所：（〒　　　-　　　　）

電話（または携帯電話）：　　　　（　　　　　）

e-mail：

表面に ご住所・ご氏名等ご記入の上ご投函ください。

●今回お買い上げいただいた本の書名をご記入ください。
書名：

●この本を何でお知りになりましたか？
1. 新聞広告（　　　　）2. 雑誌広告（　　　　）3. 書評（　　　　）
4. 書店で見て（　　　　　書店）5. 知人・友人等に薦められて
6. Facebook や小社ホームページ等を見て（　　　　　　　　）

●ご購読ありがとうございます。
ご意見、ご感想などございましたらお書きくだされればさいわいです。
また、読んでみたいジャンルや書いていただきたい著者の方のお名前。

・新刊やイベントをご案内するヨベル・ニュースレター（E メール配信・不定期）をご希望の方にはお送りいたします。
（配信を希望する／希望しない）

・よろしければご関心のジャンルをお知らせください
（哲学・思想／宗教／心理／社会科学／社会ノンフィクション／教育／歴史／文学／自然科学／芸術／生活／語学／その他（　　　　　　）

・小社へのご要望等ございましたらコメントをお願いします。

自費出版の手引き「**本を出版したい方へ**」を差し上げております。
興味のある方は送付させていただきます。
資料「**本を出版したい方へ**」が（必要　　必要ない）

見積（無料）など本造りに関するご相談を承っております。お気軽にご相談いただければ幸いです。

＊上記の個人情報に関しては、小社の御案内以外には使用いたしません。

へと導いたのです。

(2)の紛争当事者は解決を仲裁人に「預けて」、「裁き」を「一任」するという点については、お坊とお嬢は「そんならこなたが名の高い」と仲裁に入ってきた和尚の親分格を認め、さらに両腕を五十両ずつで買い取れという気迫に満ちたその提案に「流石は名うて」の親分の「両腕捨てての此場の裁き」と感心し、完全に主導権を和尚に託しました。

(3)の紛争当事者も仲裁人も互いに「顔を立て」合うという点ですが、今見ましたようにお坊とお嬢は和尚に敬意を払い、和尚のほうも「そこまで言うのは自惚(うぬぼれ)のようで控えていたが」と、二人の和解をあくまでも命令ではなく提案として勧めています(前篇、83頁)。

擬制的親族関係づくり　そして、ここまで関係が深まると、日本人が好んで行なうのが、(4)が言う、義理ではあっても血の契りを結ぶという行為です。本来は赤の他人なのですが、心が通じ合い気の置けない状態になると、「かための血杯(さかずき)」を呑み交わします。そこまでしなくとも、それに類する儀礼を交わします。そうなりますと、「擬制的親族関係」すなわちそこでは各人が「尊厳」をもった存在として遇され(前篇、84頁)、「互いに……すべてを許し合い、要求し合う」親密な「二人称関係」が出来上がるわけです(前篇、37頁)。

ちなみに、豊臣秀吉が「士農工商」の身分制を敷いて以来、その現実には厳しい面がありましたが、これは国家統治のための一種のタテマエであり、日本人の人間交際の根本基準は「母子の情愛」に基づく擬制的「母子関係」でした。一旦この関係が出来上がると、身分の差別はなくなり、すべての者が親族として和気藹々の関係となるのです。これが日本のテレビで「時代劇」番組が今なお再放送され続けている理由です。将軍があたかも家族のように庶民と交わる『暴れん坊将軍』や『水戸黄門』が見続けられているのも、現代の視聴者が、これこそ日本人の本当の姿なんだよ、と納得し満足しているからなのです。

日本的な「仲裁」で看過されてしまう大きな問題

以上、川島さんが言われる日本人の紛争解決法としての「仲裁」の四側面を「庚申塚の場」を具体的に振り返りながら確認してきました。しかし、先に申しました『三人吉三』が抱えている真の問題性は、それだけではまだ浮彫りにはなっておりません。

そこで、それを明確にするために、この件について川島さんが特段注意を喚起しておられないことについて指摘しておきたいと思います。それはこの仲裁の結果起こった和尚吉三が例の百両を最終的には自らの懐に収めたという「事実」です。

川島さんの著作の元来のねらいは、この「庚申塚の場」をもっぱら日本的「仲裁」の恰好の例証として取り上げるということでしたから、ないものねだりをしてもしようがないのですが、本書としましては、この場面をそうした扱いで終わりとせず、今指摘しました点に絞ってさらに検討していくべきと考えます。

親分の懐にチャッカリと納められた子分の百両　実は和尚はこのあと百両を自分の老いた父親に渡そうとします。つまり百両をそのまま自分の所有としたのです。ですから、これは、ある意味で元手も何もなし、日本的擬制的血縁関係を礼儀正しくしかも粋に作り上げたところ、百両という大金がもともとは他人であった「子分」から「親分」となった自分の懐にチャッカリと納まった、という話なのです。従って、この出来事を経済的損得の観点から振り返りますと、結果として残るのは、和尚吉三の百両丸儲けという事実です。

そして、これはやはり理想的な「母子の情愛」に基づく日本教的社会倫理の観点からは、曖昧に放置しておくべきでない問題なのです。実際、わが国では、親の立場に立つ者の仲介による金銭のみならず他の利権や利得の獲得の例が少なからずあり、しかもそれがしばしば看過されてしまうという、社会倫理的な問題が存在しています。

『日暮硯』再論　前篇で山本七平さん特愛の歴史実話「日暮硯」の出来事を取り上げました（前篇、22〜23頁）。どういう話であったか、もう一度かいつまんで申しますと、松代藩の財政破綻救済を命じられた家老恩田木工が、債権者の農民や商人に対して、日本人を酔わせるような「人間味」

溢れた交渉人として振る舞い、結果、彼らから藩の借金を棒引きにさせた、という話でした。恩田木工はこれら債権者たちに対して松代藩から派遣されたいわば「上級仲裁人」であったと言えます。そして、ここにも「庚申塚」の展開と同じような結果が見え隠れしています。日本人は「母子の情愛」の価値に基づいた人物の振る舞い、とくにその見事なパフォーマンスに弱いのかもしれません。擬制的血縁関係設定の礼儀作法の麗しさにばかり気を取られて、それ以外の重要な部分つまり庚申塚の百両や松代藩で棒引きにされた大枚のことなどどうでもよくなってしまう傾向があるのかもしれません。

理想は子の罪を償う母親の姿

しかし、それでは、前章の『百年目』で示されたような理念型的な「母子の情愛」に基づく倫理規範は全うされたことにはなりません。はっきり言えば、むしろ、それからの逸脱が起こっています。『百年目』で示されていたのは、子（番頭）が犯した罪を母親（旦那様）があくまで自らの責任において犠牲を払ってでも償おうとする姿でした。これが「母子の情愛」に基づく理想的な日本教的社会倫理に沿った本来の在り方なのです。それが「母性愛による子の難局の処理」なのです（本書、117頁）。

この理想型を下敷きに「庚申塚の場」を振り返りますと、なるほど和尚の態度はお坊とお嬢の争いを収めるところまではこの倫理に沿っているのですが、二人からの「返礼」をあたかも紛争処理の成功報酬でもあるかのように、「夜も更けた、義理立てするのも面倒だ……貰っておこう」と懐にしまい込んだところで、理想型からは明らかに逸脱しています。

「恩の合理的貸借関係」を守った和尚

先に、日本人は日本的な血縁関係設定の礼儀作法の麗しさにばかり気を取られて、百両や借金の行方など気にしなくなってしまうのでは、と申しました。その様子は具体的に次のように観察できます。

すなわち、和尚はお坊とお嬢の「仲裁」を自分に「預けて」もらうために、まずは問題の百両を預かろうと考えたのですが、この段階では三人はまだ他人どうし、つまり「恩の合理的貸借関係」（前篇、80頁）の倫理を守らなければならない間柄でしたので、二人の前に「五十両じゃあ高いものだが」と自分の両腕をその「埋め草」つまり百両の代価として差し出しました。もちろん、これは、川島さんが示唆されるように、「多分に儀礼的な」つまりは意図的な演技ではあったのですが。

お坊とお嬢から懇願した「かための血杯」

こうして和尚がしっかりと日本人的な仁義を踏み、さらには差し出した両腕を「遠慮に及ばぬ、切らっしゃい」と勇み肌の振る舞いに出たところで、二人はこれに対し「物は当って砕けろと、力にしてえこなた〔和尚〕の魂」と渡世人の心意気から痛く感心してしまいます。

これが、二人のほうから、「互いに……血汐を汲交(かわ)し」、「兄弟分に」、「なりたい」と和尚に願い出た直接のきっかけでした。和尚も「こいつぁ面白くなってきた」とこれを受け、「かための血杯（さかずき）」を交わし、親分子分の契りを結びました。つまり、義理とは言え「身内」となったのです。そして、子分の二人の側から、落としていたかもしれない命の恩人への「返礼」として、「納めて下せえ」と、百両が親分へ文字どおり上納されました。

言い換えますと、子分のほうから「もらってくれ」と懇願するほどになりましたから、親分のほうも受けることが「債務」同然となったと考え（前篇、82〜83頁）、「義理立てするも面倒だ」、「折角の志し故貰って置こう」と締め括ったわけです。

他人どうしはただで貰ってはいけないが、身内となれば話は別！　しかし、お坊とお嬢のこの麗しい「報恩」の対応が、かえって和尚の心に隙間を生じさせることになりました。実は、和尚は、百両を差し出されたときも、初めは「いいや、こいつは受けられねえ」とはっきり断っています。他人どうしはただで貰ってはいけないという「恩」の倫理の規範に従っていたのです。しかし、血の契りを交わしたところで、その心に緩みが生じました。

身内となれば、物のやりとりについては、よそ者どうしの「合理的貸借関係」の倫理の箍（たが）は外れます。「受けられねえ」ものが「受けてもよいもの」に変わるのです。それで、そこまで言うのなら、折角だから「貰って置こう」、となってしまったわけです。

母が担うべき子の罪の自己犠牲的処理

しかし、本来の理想的な日本教的社会倫理からは、和尚の在り方はこの瞬間から逸脱する方向に向かっています。なぜなら、この社会倫理の理念的規範は、申しましたように、母による子の罪の責任的処理であり自己犠牲的償いだからです。母から子への無限の「施恩」と子から母への無条件の「受恩」というのがこの理念の中味であり（前篇、97頁）、その主たる責任と権限はあくまで母にあるのです。

聖書も自然法も示す子に対する親の責任

実は聖書の中にも同じような教えが使徒パウロによって示されています。それは「子は親のために財産を蓄える必要はなく、親が子のために蓄えなければならない」〈コリントの信徒への手紙二 12章14節〉という親子間の財産にまつわる教えなのですが、ここから親の子への養育庇護の責任に関する倫理規範も読み取ることができます。すなわち、ある聖書註解者は、パウロはここで、「親は〈子から〉金銭的見返り（フィナンシャル・リウォード）を求めることなく、滅私施恩（アンセルフィッシュ・ギヴィング）の精神で家族を庇護育成すべき」であり、「子は親に対する世話を期待されない」という「自然法」の教えを参考にしていると解説しています。もちろん、それは「子は親の世話をすべきでないという意味ではない」のですが。[3]

こうして、子の世話や子の問題の処理に責任をもつのはあくまで親であるという点で、日本的な教えも普遍的な自然法に沿うものなのです。ただ、日本の場合は、この親がもっぱら「母親」である、という民族特性を帯びているわけです。

いずれにしましても、こうした規範に従うならば、たとえお坊とお嬢が紛争解決の「返礼」として百両を差し出したとしても、和尚はその場の空気にうかうかと乗っかって百両を懐にしてはいけなかったのです。「母子の情愛」を体現する母親ならば、もともと、子の「報恩」を当てにして解決を計ろうなどとは、これっぽっちも考えないはずだからです。

「母子の情愛の関係」を自己目的化する日本人

それにしても、なぜ、日本人の間ではこうした倫理的倒錯が許され、その結果、親による百両総取りとか藩による領民からの借金棒引きといった由々しい事柄が不問に付され、等閑視されることが多いのでしょうか。

これは、一見、答えに窮してしまう問いに聞こえるかもしれません。しかし、存外にわかりやすい答えが存在します。なぜ、そうなってしまうのか？　一言で申しますと、日本人は「母子の情愛」の関係を自己目的化してしまうからです。

私は「擬制的親族関係」は森有正さんの言われる「二人称関係」に通じ、この関係も日本人の「母子の情愛」の関係を「根源」とする概念だと確信しているのですが、森さんはそこでの人間関係を次のように具体的に説明されました。すなわち、

「例えて言えば、二人は、一つの不動産を共有しているというのではなくて、互いに相手その

ものを共有し融合している」関係、「問題解決のための協力関係ということではなくて、この二項関係そのものが自己目的である関係なのです」（前篇、37頁。傍点は私）。

言い換えますと、日本人にとってはこの関係そのものが最大の関心事、ティリッヒが言う「究極的関心」（前篇、9頁）だということです。それを只今の三人吉三に当てはめますと、お坊とお嬢にとっては、和尚と「血の契り」すなわち「母子の情愛」の関係を結ぶことが第一の重大事であり、その他のことはすべて「二の次」だというわけです。ですから、和尚が百両を自分の物にしようとどうしようと、どうでもよかったのです。それほど、この「母子の情愛の関係」への「日本人がもつ……憧憬には……深いものがある」（前篇、39頁）のです。これが先の問いへの答えです。

このように、日本人において「母子の情愛」への情緒的憧憬はソロバン勘定をさえ捨て置くほどに強いわけですが、それが実は日本人を本来「反自然的で道徳的で三人称的である社会」（前篇、37頁）を社会として構成できない無能さへと引きずり込んでいる根本要因でもあるわけです。これは日本人すべてが反省し改善に取り組むべき重大な課題です。[4]

和尚が目指していた本来の解決

和尚は、初め、例の百両をお坊とお嬢の「二人に半分宛（ずつ）」渡して「裁きをつけ」るつもりでした。それが和尚が二人の争いを「留めにはいった」際の本来の「義理立て」であり、それがそのままこの仲裁の決着内容となるべきものでした。

ここまでは彼も理想的な日本教徒だったのです。そして、この和尚の思惑どおりに事が運んでいたならば、かの日本教的社会倫理は『百年目』と同様にここでも一つの理想的な形で全うされていたはずでした。それは川島さんが(4)で言われる上級仲裁人から下級の紛争当時者への「施恩」が十分に果たされる形だったからです。ところが、事はそうは進まず、途中であの「母子の情愛」の関係への過剰な人間的情緒が介入してしまい、日本教的社会倫理が示す理念的規範が無視されてしまうという結果になったわけです。

和尚は初め二人から百両を差し出されてもそれを受けるのを断りました。にもかかわらず、結局は百両を自分のものとしてしまいました。しかし、一旦「こいつは受けられねえ」と言ったからには、それを意地でも貫き通すのが本物の「粋」ではないでしょうか。イナセな科白回しだけが「粋」の真髄なのではありません。

以上、河竹黙阿弥作『三人吉三』の名場面「庚申塚の場」のテキストを、理念型的な「母子の情愛」に基づく日本教的社会倫理の観点から、批判的に分析してきました。結論は、この文学テキストが描き出している日本社会は、親分格和尚による子分格お坊とお嬢からの体のよい掠め取りを曖昧に放置している、つまりはそれを肯定している、という点で、理想的な日本教的倫理基準からは逸脱したものだと言わざるをえない、ということです。

黙阿弥がこの作品を発表したのは江戸時代の末期も末期、日本文化が鎖国の中で熟し切り、日本社会が閉塞感の中で喘ぎつつあった時代でした。母が子の罪を犠牲的に償うという「母子の情愛」の本来の理想型が腐食しかけていた時代であったかもしれません。いつの間にか親が子を食い物にしてしまうという、この「母子の情愛」の倫理のウロボロス的裏面が顔を出し（前篇、116頁）、それを社会全体でも怪しまない雰囲気が醸成されていたのかもしれません。爛熟した文化はその宗教的理想からはかけ離れた形に頽落しがちです。

黙阿弥は、もちろん、そうした江戸の庶民社会の在り方をこの作品でくっきりと――プロらしく観客の心を掴むを熟知して――写し撮った歌舞伎作者にすぎず、彼にも、『三人吉三』という作品にも、日本教的倫理の理想型からの逸脱の責めを負わせるわけにはいきません。ただ、彼もまたこうした社会に生き、それに対する批判的な意識など微塵ももっていなかったのであろう、ということは言えるかと思います。

1　明治維新期に入ると古い伝統に対する改革運動が盛んになり、政府の肝煎りのような形で「演劇改良会」なるものも発足し、黙阿弥も無学文盲の歌舞伎作者などと批判されました。彼とその作品に感動していた坪内逍遥は、この政府の御用機関的な会による的外れな黙阿弥批判に立腹し、明治十九年、『読売新聞』で四回にわたりこれに反論しました。シェークスピア邦訳者逍遥によるこの黙阿弥へのオマージュはその際になされたものです。これについては、林京平「逍遥と黙阿弥と河竹繁俊」、飯田高校同窓会機関紙『稲穂』7号（二〇一〇年）、10～15頁を参照してください。

2　以上の引用は『木阿弥全集』第三巻（春陽堂、一九二四年）、571～588頁に基づきます。傍点は私。

3　Floyd V. Filson, *The Second Epistle to the Corinthians, The Interpreter's Bible* (Abingdon Press,1953)，pp. 412~413.

4　こうした日本人の問題を象徴する、きわめて印象深い、現代的な例証として私の脳裏に刻み込まれているのは、二〇一一年に「オリンパス・スキャンダル」として取り沙汰された事件です。ビジネス倫理学的に取り扱えば大論文となりうるケースですが、本章の観点から、ここでは簡潔に述べておきます。

まず、事の経過は、以下のごとくです。わが国有数の光学機器メーカー「オリンパス」がバブル崩壊期の資金運用における巨額の損失（九六九億円）を不当な企業買収の形で隠蔽したこと（「飛ばし」）がメディアに暴露され、イギリス人W新社長は日本人のK会長とM副社長とに対しこの不正会計操作を首謀した廉で辞任を要求しました。すると逆に取締役会で社長を解任されます。捜査の結果、翌二〇一二年にKやMら7人が逮捕されますが、W氏は結局は多額の和解金で翌年オリンパスから退きました。

ここで注目したいのは、W社長はKやMの不正の故に彼らの解任を当然視したのに対し、オリンパスという組織（具体的には取締役会）はそうした観点からは行動せず——むしろKやMのために、おそらくはＫやＭに教唆されて――Ｗ社長を解任する方向へと動いたという事実です。そして、その根底をなしていたのがＫとＭのきわめて日本人的な「二人称関係」、本書で言えば「母子の情愛」の関係、であったと思われます。それを明らかにしてくれるのが、Ｗ氏が報告するＭの以下のような言葉です。

Ｗ氏は不正会計操作に関しＭを問い詰めても埒が明かないので、鉾先を変え、「あなたは誰のために働いているのか」と問います。「オリンパスのため、Ｗ社長のためです」という答えをＷ氏は期待したのですが、Ｍの答えは豈図らんや「Ｋさんのためだ。私はＫさんに尽くすのだ」というものでした。

日本の報道では、この部分は、「私は業を煮やして、『あなたの上司は誰か』と問い詰めた。すると、思わぬ返答が戻ってきた。『Ｋ会長だ』」（『日経ビジネス』、二〇一一年一〇月三一日）となっているだけですが、イギリスの報道では"I asked him: 'Mr M, who do you work for?' I thought he might say 'Olympus' or 'You.' But what he said was: 'I work for Mr K. *I am loyal to Mr K.*'" (*The Independent*, July 17, 2012, Italics mine.) と、Ｗ氏がＫから聞いた言葉を直に伝えており、この"I am loyal to Mr K"「私はＫさんのために尽くすんだ」（とでも言ったのでしょう。これは私の逆翻訳です）の報道のほうが、ＫとＭの親密な二人称関係、「母子の情愛」の関係をより具体的に実感を伴って伝えてくれているように感じます。

いずれにしましても、私たちは、ここで、現代日本を代表する近代企業が依然として日本教的情緒的信条（心情？）をその振る舞いの根本動機としていたということを、銘記しておくべきでしょう。「母子の情愛の関係」はソロバン勘定――この場合は巨悪な勘定！――さえ等閑視してしまうほどに強いのです。

第七章　戯曲『父帰る』――親子関係の逆転

〈菊地寛、ジョン・ハンキン、森有正〉

先の二章では、落語『百年目』と歌舞伎『三人吉三』を、日本人の究極価値「母子の情愛」を反映した大衆文学作品として見てきました。そして、この価値がわが国の社会で倫理的な展開を見せる場合、『百年目』のように理想的な形を示す一方で、『三人吉三』のように一種歪んだ形となっていく場合がある、ということを確認しました。

本章では『父帰る』（一九一七年）という戯曲を取り上げます。その筋書きには親が子の金品を私物化したというような「歪んだ形」はありません。ただ、その勘所として、親と子が立場を逆転させる、ということがあります。その意味で、これも親子関係をテーマとしたわが国の文学作品です。そして、この作品もまたその波及効果においては日本人が抱える社会倫理的問題性と看過しえない関連をもち、従って、本書の視点からは、この作品についても一言せざるをえない、というのが、私の思いなのです。

日本人の心をとらえて離さない大衆文学作品

『父帰る』と言えば、大正から昭和にかけて日本文学界に大きく貢献された作家菊池寛さんの代表作であり、日本庶民の心を深くとらえてきた戯曲で、私もこれを見るたびに涙してきました。その名作を取り上げて、のっけから問題あり、など、と申しますと、一気に非難を浴びそうですが、本書の視点からは今述べましたような問題性を帯びた文学作品と判断せざるをえませんので、批判的な検討を加えてまいります。以下はそのための少し入り組んだ議論となります。

さて、一九二三年に文芸春秋社を設立し、雑誌『文藝春秋』を創刊、三五年には今では日本文壇への有名な登竜門となっています「芥川賞」と「直木賞」を設定されたのが、菊池さんでした。前者は日本が誇る近代文学者芥川龍之介さんにちなんだ賞で、日本人は一般に芥川賞に選ばれる作品を「純文学」と呼び、直木賞受賞の作品は「大衆文学」と呼び慣わしてきました。後者は直木三十五さんにちなんだ賞で、こうした賞を設定されたところに、自身も大衆のための文学を志された菊池さんの面目が躍如としています。

二〇〇六年四月に劇団「シス・カンパニー」が草彅剛さん主演でこの『父帰る』を上演し、なつかしく感じました。私の小中学生時代、この芝居は日本中で上演され、映画にもなり、日本の近代戯曲の定番の様相を呈していたからです。このところこの芝居のことは聞かなくなっていましたから、そこにこの上演で、その息の長さに感心しておりました。

一世紀間もの息の長さ

菊池さんはこの作品について「十年や二十年の後まではきっと残るに違いない」、「後世を信じない私は、自分の作品が十年位生命があれば、それでたんのうする」と言っておられました。[1] それでも今回の再演ですから、一世紀近い作品生命を保っているわけで、それほど日本人の心をとらえて離さない作品だということでしょう。

ところが、実は、これはもともと聖書の物語を題材とした作品です。それは新約聖書〈ルカによる福音書15章11～32節〉にしるされた「放蕩息子の譬（たとえ）」という有名な物語です。

聖書の「放蕩息子の譬」

そこで、その物語を要約してご紹介いたしますと、こうです。

ある父親に二人の息子がおり、兄は真面目な働き者で、父に従順に仕えました。しかし、弟のほうはどうせなら早目に「身代」を分けてくれと父に要求するような息子でした。そして、それを貰うと、外国を旅行し、放蕩三昧に明け暮れ、そのお金を使い果たしました。当然のごとく、落ちぶれ果て、豚飼いとなり、豚の餌を食べたいほど飢えに苦しみました。

そこで、彼は我に返り、やはりわが家に帰り、父に懺悔して、使用人として雇ってもらおうと決心します。そうして、彼が家に近づいたところ、父親のほうが目ざとくこの弟を見つけ、駆け寄り、彼を優しく迎えました。弟が自らの罪のゆるしを請うと、父親は喜び、肥えた子牛を屠って、祝いの宴を催したのでした。

ところが、これを聞いた兄は怒り、その宴に加わろうとしません。遊女に溺れ、お父さんの身代を食いつぶした弟には肥えた子牛まで用意して歓迎し、真面目にお父さんに仕えてきた私には山羊一匹さえ屠ってもらったことはありません、と不平を漏らすのでした。

すると、父は「あなたはいつも私とともにおり、私の物はあなたの物だ」と、この兄をなだめ、弟は「死んでいたのに生き返り、いなくなっていたのに見つかったのだから、喜んでやらねばならない」と諭しました。

ここまでご紹介してきたところで、菊池さんの『父帰る』をまだ読んだことがない方でも、この聖書の物語との違いにお気づきになったでしょう。そうです、放蕩の果てに落ちぶれて自宅に帰ってくるのは、聖書では「息子」なのに、『父帰る』では「父親」なのです。

ちなみに、先ほど引用しました菊池さんの『父帰る』を振り返る文章には、はじめ「蕩父の帰宅」という題にしようかと思ったが、それでは「豆腐」に通じて語呂が悪く、いったん「帰れる父」としたが、再考して「父帰る」とした、とあります。

オリジナルな筋書きの逆転

いずれにしましても、『父帰る』が聖書の「放蕩息子」物語を下敷きにした作品であることは間違いありません。しかし、申しましたように、『父帰る』は父親が放蕩息子を寛容に迎えるという聖書のオリジナルな筋書きを逆転していますから、そうまでして菊池さんが訴えたかったことは何だったのか、やはり日本人の心に訴える菊池さん独自のメッセージなのではなかろうかと、想像したくなります。

『父帰る』を回顧する著者自身のエッセイ

ところで、私が『父帰る』は聖書の「放蕩息子の譬」と深くつながっているということを知ったきっかけは、この聖書のテキストを元に教会の礼拝で説教しようと考え、その準備をしていたときのことでした。『父帰る』そのものは知っていましたが、そのインスピレーションが聖書からきたものだと知ったときは興奮しました。しかし、その資料には、菊池寛の『父帰る』は「放蕩息子の譬」を参照した作品のようだ、とだけしかありませんでしたので、両者のつながりや、『父帰る』の執筆の経緯はどういうことだったのだろうと、俄然、興味を抱くことになったわけです。

そこで、私は日本近代文学の専門家に質問がてら事の次第をお話しし、ほとんど無理矢理にでしたが、調べていただけることになりました。先の菊地さんの文章を収めていた国会図書館ではそのコピーが許可されなかったらしく、それを何と手書きしてプレゼントしてくださいました。これが先程から引用しております、「『父帰る』の事」という、この作品を回顧した菊地さんの文章です。私のこの我儘に親切にお応えくださったのは、畏友黒木章さんです。ここに記し、あらためて感謝いたします。

『蕩児の帰宅 —— 父親たちのためのコメディー』

さて、その文章の冒頭には、『父帰る』執筆の動機は「多分ハンキンの"The Return of the Prodigal"を読んだためであっただろう」とあります。おそらく菊池さんは「一高」か「京大英文科」の時代にこの作品を読み、それが直接の刺激となり、その背景の「放蕩息子の譬」にも思いをめぐらし、この作品に取り組まれたのでしょう。このハンキンの作品についてもご紹介しておきます。

ジョン・ハンキン（John Hankin）は二〇世紀初頭にイギリスでもてはやされた写実喜劇作家の一人でした。一九〇五年にこの『蕩児の帰宅 —— 父親たちのためのコメディー』（"The Return of the Prodigal: A Comedy for Fathers"）という四幕喜劇を書いております。これも聖書の「放蕩息子の譬」の改変版なのですが、イギリス人気質の、皮肉と風刺をたっぷり利かせた、おおよそ次のような物語です。

舞台は、水車による織布で有名なグロチェスター州に住むジャクソン一家。長男ヘンリーが布織機の電化に成功し、一家は経済的な勢いを得て、父サミュエルは政界入りをねらっています。その手段が或る男爵家の娘とヘンリーの結婚でした。その一家を招いての食事の夜、五年前に一千ポンドを渡されオーストラリアに放り出されていたろくでなしの次男ユスタスが帰宅し、それまでの苦労を涙ながらに母に語り、同情を買います。しかし、兄ヘンリーには、実はこれはあの聖書の「放蕩息子」の真似で、「肥えた子牛」をもう一度父に屠らせるための芝居だと告げます。兄にこの企みを見破られる前に白状し、兄も共犯関係に巻き込んだのでした。そして、自分がこの家に居続ければ、君たちはいずれ不名誉を被り、政界入りや結婚もできなくなると脅し、ついに前回とは比べものにならない巨額の小切手を父に切らせ、ふたたび姿を消してしまう——という筋書きです。

よく言えば自己実現に懸命な、悪く言えば自分の栄達のことしか考えていない父親に、グレた次男が悪知恵をカマして一泡吹かせた、というところでしょう。こういう父親たちは気をつけよ、というメッセージが、この劇の副題に込められています。

『父帰る』　菊池さんは、このハンキンの劇はもちろん、聖書の「放蕩息子の譬」も十分に承知の上で、『父帰る』を創作されたはずです。菊池さんの先の文章は簡潔で、この戯曲執筆の詳細な経過などはわかりません。しかし、「ハンキンは蕩児の帰宅をテーマとす。然れども帰るもの蕩児のみならんや」とするしておられ、さらに自宅に居候していた叔父が家出して二〇年ほど経っても音沙汰がなかったという状況についてもしるしておられますから、その辺りから、蕩児ではなく蕩父の帰宅、という発想が出てきたのだと思われます。

そして、私の推測ですが、この作品は、菊池さんが、推敲に推敲を重ねてというよりは、かの発想の瞬間後、ほとんど一息に、直観的に書き上げられたものではないでしょうか。そう思わせる、たった一幕一場の、日本人のあの「母子の情愛」信仰の回路を一気に辿って、その究極の「涙」にむせぶ情感へと追い込む、一種天才的な筆致のお芝居です。理屈っぽい長編ドラマではありません。言ってみれば、「俳句」か「短歌」のような劇なのです。

そこで、以下、菊池寛『短編と戯曲』(文藝春秋社、一九八八年)からこの劇を翻案抄録します。舞台は「明治四〇年頃」、「南海道の海岸にある小都会」とありますから、菊池さんの出身地、香川県高松市辺りを想像してもよいのでしょう。以下、台詞は原文のまま、ト書きは私流に変え、また私自身の言葉も添えて、ご紹介します。

中流家庭の慎ましやかな家の六畳の間で、夕刻、役所勤めから帰宅し、くつろいだ着物姿で新聞を読む長男「賢一郎」が、まだ帰宅しない末の妹の「おたね」と、小学校教員の弟「新二郎」のことを気にしながら、母「おたか」と話しています。賢一郎は自分の結婚はさておき、おたねの結婚を気遣い、また、自分は小学校しか出ておらず「高等文官試験」が受けられないのですが、中学校に行かせた優秀な弟にはぜひ出世してもらいたいと、父親のように願うのです。そこにその新二郎が帰宅し、気になることを二人に告げます。

彼の学校の校長が、この家族を捨てて出て行き二〇年にもなる父「宗太郎」を町で見かけ、二人は幼な友だちで見覚えがあり、どうも本人のようだ、と言うのです。賢一郎は聞きたくない素振りですが、おたかは新二郎に、宗太郎がかつては「大殿様のお小姓」だった「ええ男」で、今年は「五十八」になることなど、話します。そこに、おたねも帰宅し、家の向かいから玄関を見ている年寄りがいたと報告します。新二郎が外を確かめますが、気配はありません。おたかがふたたび夫のことを話し出し、賢一郎がたしなめると、「若い時は恨んでいたけども、年が寄るとなんとなしに心が弱うなってきてな」と返します。

と、そのとき、表の戸がガラッと開き、「御免!」という声が聞こえます。それに「激動を受け」たのは賢一郎とおたかでしたが、その「内容は著しく違って」いました。「おたかはおらんかの?」という声に、おたかは「吸いつけられるように玄関へ」行き、昔のことは忘れたかのように夫を迎え、家に上らせます。こうして、宗太郎は二〇年ぶりに家族の前に姿を見せ、次男と末娘は「お父さん」と呼んで、自己紹介します。そこで、宗太郎は「親はなくとも子は育つと云うが、よう云うてあるな。はははは」と一人笑うのですが、沈黙が続きます。おた

かがその場を取り繕い、宗太郎はこれまでのことを語り出し、興行師をして一時は羽振りが良かったが失敗し、

宗太郎：その内に老先が短くなってくる、女房子のいる所が恋しゅうなってうかうかと帰ってきたんや。老先の長い事もない者やけに皆よう頼むぜ。（賢一郎を注視して）さあ賢一郎！　その杯を一つさしてくれんか。うん、お前だけは顔に見おぼえがあるわ。

と、かってにまくしたてるのですが、賢一郎は応じません。そこで、新二郎にさしてもらおうとすると、賢一郎が怒り、宗太郎と次のようなやりとりが続きます。

賢一郎：（決然として）止めとけ。さすわけはない。
宗太郎：（激しい目で賢一郎を睨んでいる）
賢一郎：（昂然と）僕たちに父親があるわけはない。そんなものがあるもんか。
宗太郎：（激しき憤怒を抑えながら）なんやと！

賢一郎はここから「やや冷やかに」、「俺たちに父親があれば」、八才のときに母親に手を引かれ港に身投げもせず（すんでのところで助かりました）、十才のときから県庁の給仕もせず、新二郎が小学校で墨も紙も買えず、教科書も写本を使い、からかわれ、泣きもせずに済んだはずだと、とうとうと述べます。「父親があれば、あんな苦労はしとりゃせん」。この長男の述懐を

聞いて、宗太郎の気持ちも「怒りから悲しみに移りかけ」ますが、新二郎が「おたあさんが折れ合っているんやけに、兄さんも我慢してくれたらどうです」と言うと、賢一郎は「なお冷静に」〔つまりは、心底の怒りとともに〕、次のように言います。

賢一郎：おたあさんは女子やけにどう思っとるか知らんが、俺に父親があるとしたら、それは俺の敵じゃ。俺たちが小さい時に、ひもじい事……があって……不平を云うと、おたあさんは口癖のように「皆お父さんの故じゃ、恨むならお父さんを恨め」と云うていた。……いつかも……親子四人で昼飯を抜いたのを忘れたのか。俺が一生懸命に勉強したのは……父親に捨てられても一人前の人間にはなれると云うことを知らしてやりたいからじゃ。俺は父親から少しだって愛された覚えはない。俺の父親は俺が八歳になるまで家を外に飲み歩き……挙句に……借金をこさえ情婦を連れて出奔したのじゃ。……おたあさんが俺の為に預けておいてくれた十六円の貯金通帳まで無くなっておったもんじゃ。

新二郎はそれでも父を庇いながら、「兄さん、肉親の子として、親がどうあろうとも……」と言います。そして、宗太郎も「飾った怒りで」賢一郎にたいし、

宗太郎：お前は生みの親に対してよくそんな口が利けるのう。

と言うと、

賢一郎：生みの親と云うのですか。……あなたは二十年前に父としての権利を自分で捨てている。

と答えます。おたかとおたねはすすり泣くばかりですが、ここで宗太郎も、もはや諦め、

宗太郎：どなに落ちぶれたかと云うて、食うくらいなことは出来るわ。えろう邪魔したな。

と、去ろうとします。新二郎は「お待ちまあせ。兄さんが厭だと云うのなら僕がどうにかしてあげます。兄さんだって親子ですから、今に機嫌の直る事があるでしょう」と引き留めますが、

賢一郎は、今度は新二郎に向かって叫びます。

賢一郎：新二郎！　お前はその人になんぞ世話になった事があるのか。……お前の学校の月謝は、兄さんがしがない給仕の月給から払ってやったのを忘れたのか。お前や、たねのほんとうの父親は俺だ〔傍点は私〕。……その人を世話したければするがええ。その代り兄さんはお前とは口は利かないぞ。……俺は父親がないために苦しんだけに、弟や妹にその苦しみをさせまいと思うて夜も寝ないで艱難したけに、弟も妹も中等学校は卒業させてある。

この言葉を聞いて、宗太郎は決心し、本当に去ろうとします。

宗太郎：もう何も云うな。……わしやって無理に子供の厄介にならんでもええ。……さあもう行こう。おたか！　丈夫で暮せよ。お前はわしに捨てられてかえって仕合せやな。

すると、新二郎が「あなたお金はあるのですか。晩のご飯も食べとらんのじゃありませんか」と追いかけます。すると、宗太郎も言葉では「ええわええわ」なのですが、目は「哀願」していています。玄関で躓いたところを、おたかが「あっ、あぶない」と心配し、新二郎が抱き起こし、「これから行くところがあるのですか」と問うと、宗太郎はこう言います。

宗太郎…（全く悄沈として腰をかけたまま）のたれ死にするには家は要らんからのう……（独り言のように）俺やってこの家に足踏が出来る義理ではないんやけど、年が寄ってくると、故郷の方へ足が向いてな。この街へ帰って今日で三日目じゃがな。夜になると毎晩家の前で立っていたんじゃが、敷居が高うて入れなかったのじゃ……しかしやっぱり入らん方がよかった。一文無しで帰ってきては誰にやってばかにされる……せめてまとまった金を持って帰ってお前たちに詫をしようと思ったが、年が寄るとそれだけの働きも出来んでな……（ようやく立ち上がって）まあええ、自分の身体ぐらい始末のつかんことはないわ。

宗太郎は「蹌踉として立ち上がり……老いた妻を一目見た後、戸を開けて」去ります。

このあと、残った四人は「しばらく無言」となるのですが、おたかが「哀願するがごとく」叫びます。おたねの声も続きます。

おたか：賢一郎！
おたね：兄さん！
「しばらくのあいだ緊張した時が過ぎ」、賢一郎自身が叫びます。
賢一郎：新！　行ってお父さんを呼び戻してこい。
この言葉を聞くや否や、新二郎は、飛ぶようにして外に出ます。あとの三人は緊張のうちに待つのですが、新二郎は蒼白な顔で戻ってきます。「南の道を探したが見えん、北の方を探すから兄さんも来てください」。
賢一郎：（驚）なに見えん！　見えん事があるものか。
兄弟二人は狂気のごとく出で去ります。
——と、ここで、幕となります。

「芥川まで泣いてゐた」　菊池さんによれば、この劇が「初めて世に出たのは、忘れもしない大正十年〔一九二一年〕十月二十五日の夜」でした。市川猿之助が歌舞伎として上演し、絶賛を博したようです。菊池さん自身がそのときの様子を次のようにしるしておられます。
「私は芥川、久米、里見、山本、江口等の友人知己と一緒に見てゐた。私は芝居の進むにつれて、涙が溢れて仕方がなかった。自分一人かと思ふと、横にゐた芥川まで泣いてゐた。幕が終わると共に私は友人たちの賞賛を浴びてゐた。この連中は、お座なりを云はない人々である丈けに、私はうれしくてたまらなかった。私の文筆的生涯の中で、この晩ほど感激に充ち、作家としての歓喜に充ちたことはないと云ってもいい」（傍点は私）。[2]

このように言われるほどで、このとき、作者菊池さんのみならず、一緒に見ておられた芥川さんも感涙し、他の文学仲間も感激されたわけですから、これは日本人であれば間違いなく感動する芝居なのだと言ってよいでしょう。私も、小学生の頃、テレビの劇場中継で初めてこの芝居を見、泣いていた覚えがあります。闇夜に消えた老父を求めて、二人の息子が「狂気の如く」家を飛び出すその姿に、ついに涙を流さない日本人はいないのです。

子どもの健気さ　菊池さんは「芝居の進むにつれて、涙が溢れ……」と書いておられますから、最後の場面で、というわけでなく、途中から涙しておられたわけでしょう。おそらく賢一郎が、一家のため、幼い弟と妹のために、一〇才のときから懸命に「給仕」をし、「夜も寝ないで」母おたかのマッチ張りを手伝っていたことなど語り始めた辺りから、涙ぐんでおられたのではないでしょうか。

日本人はそういう少年の姿を「いじらしい」とか「健気な」という言葉で形容します。民俗学者荒木博之さんはそれら形容詞を「保護されるべきもの、弱きものが逆境にありながら努めている姿に対する集団の共感」を表わすものと言っておられます。[3]あのハーンさんが「停車場にて」で描こうとされたのも、まさにこれでした（前篇、191〜193頁）。

「坊や、辛いかい」、「ウウン、辛かあないやい」と、流してもよいはずの涙をグッとこらえ、漏らしてもよいはずの不平をウッと呑み込む、その「不憫さ」に、日本人の涙腺はゆるみます。この「涙」の文化ではワーッと泣けばよいというのではありません。それをこらえるからこそ、涙の価値は高まります。これはもう日本人の無意識の「美学」です。

老人の哀れさ　飛び出していく兄弟の姿についに涙する、その一歩手前の、父宗太郎の別れの言葉も、私たちを今度は「老人」の「哀れさ」への涙に誘います。ルース・ベネディクトさんは、日本では子どもと老人に最大の自由と我儘が許されていると観察されましたが、[4]それは子どもや老人の可愛さや不憫さと裏腹の関係にあります。

あの宗太郎も、図々しく虚勢を張ったあと、健気にも「まとまった金を持って……詫をしようと思ったが」と告げ、しかし「年が寄るとそれだけの働きも出来んでな」と、どうにもならない老いたわが身の窮状を吐露し、「のたれ死にするには家は要らんからのう」と、立ち去りました。この哀れな後ろ姿を見殺しにできる家族がどこにいるでしょうか。

肉親の情の噴出　ここで、それまで怨念を込めて正論を述べ、宗太郎の「父」としての帰宅を認めようとしなかった賢一郎の、固く閉じられていた「肉親」への情が、堰を切ったように噴き出します。

「新！　お父さんを呼び戻してこい！」

そして、新二郎が必死に探しても見つからなければ見つからないだけ、賢一郎の肉親への「情」はいや増しに増し、それは日本人観客の心にそのまま移し込まれて、それが賢一郎から溢れ出た瞬間、つまり彼が家を飛び出した瞬間、観客も皆、溢れ出る涙で目を腫らしてしまうのです。——これが、菊池寛作、戯曲『父帰る』です。

さて、日本人にとって、『父帰る』をめぐる解説は「もうこれで十分！」というところでしょう。しかし、本書はむしろここからその務めを果たさなければなりません。ちょっと理屈っぽすぎるんじゃないの、とお叱りを受けそうな内容の議論に入っていきます。本書の課題は、日本教の究極的価値である「母子の情愛」が日本社会でどのような「弱点」を醸し出しているのかを見て、その克服の道を探ろうということですので、そういたします。

万人に通じる肉親の情　そこでまず以下の点を押えておきたいと思います。すなわち、憔悴して立ち去った老父を肉親として最終的には放置しなかった子どもたちの「情」は——第三者としての批評は種々ありうるとしても――人間に普遍的な感情の一端として認めうるものであり、従って他国の方々にも理解していただけるものであろう、ということです。

さらに、この出来事の家族内での始末、すなわち身勝手な父親を赦し再び家族として受け入れたこの解決自体は――これにも種々意見はありえますが――第三者がとやかく批評すべきでない私的な事態(プライヴァシー)として、万人が許容しうる範囲の事柄であろう、ということです。たしかにこの作品では親子関係は逆転され、日本教の倫理が「理想型」としてきた「母による子の難局の処理」という基本構図は破棄されていますが、それでもなお、この作品それ自体は人間の倫理を容認しがたく踏み越えた内容の作品ではないと言えるかと思います。

親子関係の逆転の発想

菊池さんも、根本では「母子の情愛」という日本人の究極価値を共有し、そこに溢れる「情」にきわめて敏感な方であったろうと、私は想像しております。そして、その「情」の「麗しさ」を強調するために、聖書やハンキンの場合とは異なる、親子関係の逆転すなわち子が蕩父の罪を赦すという筋書きを発想されたのだと想像します。

親が蕩児を赦し迎えるという聖書の筋書きをそのまま踏襲すれば、その周辺にいかに目新しい文学的な装飾を施したとしても、所詮二番煎じであり、菊池さんの文学者としてのプライドはそれを許さなかったでしょう。そこで、「〔聖書や〕ハンキンは蕩児の帰宅をテーマとす。然れども帰るもの蕩児のみならんや」と自問され、「蕩父の帰宅」というテーマを発想されました。従来の筋書きに独自のひねりを加えられたわけです。

そして、本来は父に迎えられるべき子が蕩父を赦し迎えるという、この思いがけない逆転の構図が観客をハッとさせ、きわめて斬新な仕方で彼らに潜む「母子の情愛」の「情」を刺激し、その麗しさを、文字どおりドラマティックに再実感、再認識させたのでした。

母となった長男、子となった父親

この親子関係の逆転はさらに次のような感動的場面を生み出します。すなわち、賢一郎は新次郎に「お前やたねのほんとうの父親は俺だ」(傍点は私)と言いましたが、彼が「お父さんを呼び戻せ」と叫んだ瞬間に、彼がこの家族の真の「父」になった、いやむしろ京極さんが言われる「母性愛による子の難局の処理」(本書、117頁)を成し遂げる「慈母」になったのではないでしょうか。蕩父宗太郎もまた「慈母」賢一郎に罪を赦され庇護される「子」の一人になった、いや、「子」にしてもらったのでした。

そして、この『父帰る』における長男から蕩父への「赦し」は、聖書の「放蕩息子の譬」における父の息子への赦しと重なる、という印象さえ受けます。この点に「母子の情愛」信仰に生きる日本人と聖書的信仰との接点があると言えるかもしれません。日本人に最もよく受け入れられてきた聖書物語の一つが、この譬だということも、うなずけることです。

社会倫理的問題性につながりかねない『父帰る』の特徴

しかしながら、たとえ賢一郎の自己犠牲的な赦しの行為がイエス・キリストに示された神の犠牲愛に通じるものだとしても、父に捨てられ苦労した子がさらにその蕩父を赦し迎えるという事態は、プライヴァシーを描いた文学作品としては許容されるとしても、社会倫理的観点からすれば、きわめて大きな問題を抱えた構図だということは、指摘されなければなりません。また、「情緒」が人間の生をいかに豊かにするものであるかは周知のことですが、その過大評価は生をけっして健全に保つものではないということも、指摘されなければなりません。

醒めた仕方でこの芝居を振り返れば、そこにあるのは、無理強いされたに等しい長男賢一郎の犠牲と、それにより赦免された父宗太郎の過去二十年間の家族放棄の罪と、彼に今後無償で提供されるであろう老後の憩いです。そこにもしこの蕩父の懺悔の思いが伴わないとすれば、あまりにも彼に都合の良すぎる話で終わってしまうことになります。

というわけで、『父帰る』の文学的成功の確認から一歩進めて、この作品にまつわる批判の作業を敢行せざるをえません。この作品はやはり日本人に独特な、とりわけ社会倫理の領域で由々しい問題につながりかねない特徴を有している、というのが、私の感想です。

情緒への過度の耽溺

それを端的に表現しますと、この作品による「情緒の過剰評価」、「情緒への過度の耽溺」と言い表わせるかと思います。こう申しますと、『三人吉三』の場合と話が似通ってきますが、そのとおりです。しかも、その情緒的要素の程度は『三人吉三』をはるかに超えております。本書の観点からしますと、これが『父帰る』をめぐる最大の問題です。この点については、もう少し説明が必要でしょう。

前篇で、森有正さんが、日本人はその独自の「二人称関係」のゆえに「三人称的に成立する社会を社会として構成できない」という問題性を抱えると指摘されたことに触れました。そして、そのことのたいへんわかりやすい例証として、これも森さん自身による日本人の社会生活をめぐる観察と論評を紹介いたしました。

それは、「反社会的マナー」とさえなりうる子の「我儘」や「甘え」に、親が過剰な「寛容」を示してしまうという、日本人によく見られる傾向に対する批評でした。要約します。

日本では、こうした「親の寛容が、他人の面前すなわち社会的場面にもち出され、それが顰蹙を買うどころか、その他人がそれに感動し、賞賛すべきこととしてもてはやす、というようなことが、まかり通っている」。こうした「親子が横行する社会は、まことに見苦し」く「非道(ひど)い」。「躾の本質」とは、服装や言葉遣いの訓練といった「外面的なこと」ではなく、ヨーロッパでそうであるように、こういう親子の「内密な感情を他人の前に持ち出さ」ず、「親子の直接関係の中でのみ」処理し、そのことを子どもに納得させることなのである（前篇、40頁。傍点は私）。

子どもの「可愛らしさ」に親が「魅了される」のは――これが子育ての原動力の一つです！――万人に共通しているのですが、日本人の場合は、その愛おしさの感情に親どうしが「感動」し「賞賛」し合うほど過剰反応する傾向があるということを、森さんは以上のように指摘しておられるわけです。日本人は、内密に止めおくべき情緒を、それに対する感動のあまり、お互いがそれを「持ち出し」て、「もてはやす」のです。

さて、このことを『父帰る』という作品に当てはめようとするのは、強引すぎるかもしれませんし、意地悪すぎるかもしれませんが、日本人の究極価値である「母子の情愛」の情緒的部分に当の文学者自身が感動し、それを秀逸なる「戯曲」の形で大衆に披露し、これに観客も「涙が溢れ」、さらには「友人たちの賞賛」が「浴び」せられる、ということになりますと、上述の森さんの手厳しい日本人評は菊池さんや芥川さんたちにも当てはまると言ってもよいのではないか、ということになってまいります。

宗教的霊性を包み支える「情緒」

ドイツ人神学者ヴォルフハート・パネンベルグは、宗教的「敬虔（フレミヒカイト）」、「霊性（スピリチュアリテート）」とは、その宗教の「教理」と信者の「世界観」とそれらに基づく「生活様式」

との複合体であるが、その全体を包み支える重要要素として「情緒的側面」があり、神学理論もそれを伴う場合、より説得力をもつ、と申しました。かつて聖書の「非神話化」という過激理論を主張した神学者ルドルフ・ブルトマンとその学派が「成功を収めた」のも、彼らの「敬虔な信仰態度」が信徒に「親近感を覚え」させたからでした。その「霊性」の情緒的側面に信徒たちも「熱烈」な「情緒的反応」で答えたのです。[5]

日本教的霊性にも横溢する情緒

以上のパネンベルグの説を参考にしますと、日本人にも「日本教的霊性」が存在すると言えるかと思いますし、しかもそれは「母子の情愛」を母胎としますから、とりわけ豊かな「情緒的側面」を有していると言えるでしょう。そして、日本では、この「情」が、この母子関係を、自然な血縁の関係を超えて、社会における「他の人間関係に適用」（前篇、174頁）していく原動力となっていることも確かです。

問題は、この親子の自然な「母子（血縁）の情愛」が、『百年目』のように「赤の他人」どうしにおける理想的な擬似母子関係の実現に至る場合もある一方で、『三人吉三』のように「歪んだ」い、それをもたらしたり、この『父帰る』のように母子関係の逆転をも許容する「情緒の横溢」を示すような場合もあり、後二者は社会倫理の領域における問題に満ちた擬似母子関係の現実を正当化する象徴として利用されかねない、ということです。

年配者による若者の支配

実際、この国においては、社会的問題において「親」の立場にある者が過ちを犯しても、当人がそれに居直り、「子」の立場の者から自身への同情と庇護を図々しく要請するという現実がまかり通っております。菊池さんもそうした親の居直りの様子を、「老先の長い事もない者やけに皆よう頼むぜ」という宗太郎から家族への台詞で印象深く描いておられますし、これを周囲がただただ肉親の「情」で受け入れようとする様子も描いておられます。次男新次郎が――長男賢一郎の父宗太郎への思いはなおざりにしたまま――この蕩父に向かい、「兄さんが厭だと云うのなら僕がどうにかしてあげます。兄さんだって親子ですから、今に機嫌の直る事があるでしょう」(傍点は私)と言う場面がまさにそれです。

鈴木光司さんは――繰り返し言及しますが――こうして出来上がる擬似親子関係は結局は「年配者による若者の支配」だと見ておられます。日本では「若者が年配者のために労を厭わないのは当然で(＝当然のこととされ)……この国では若者を犠牲にすることに何の躊躇もみせない」(前篇、146頁)と言われる事態に、日本人は深く自省しなければなりません。

第三章の注で触れました「オリンパス事件」などは、こうした「親」の居直りとそれに対する「子」の黙認や甘受、それ以上の積極的同調という、わが国に多い親分による子分の支配の象徴的事例です。第九章で触れます、この国の「臣」たちによる「無責任性」も、今申しました親の「居直り」や「図々しさ」と深く関わっております。

親が子に対し責任を負う――守られるべき倫理の基本構図　文学作品としての『父帰る』においてはかろうじて許されたかもしれない母子関係の秩序逆転の発想は、社会倫理の領域ではけっして是認されてはならないものです。いかなる場合にも親と子の原秩序は崩されてはなりません。日本人の場合、主たる親とは「母」だという点が他の父性原理社会とは異なるわけですが、親が子への責任を負うという構図は聖書においても自然法においても不変です。そのことについては、すでに前章で述べました。

ハンキンの四幕劇も、神による罪人への「贖罪愛」という聖書のテーマを、人間の罪深い現実はこれには相応しないのだという見方に立って、精一杯皮肉り、揶揄し、できればその内実を破壊したいという、いわば悪魔的動機の作品でしたが、そこでも、親が子の面倒を見るべき、という倫理的な基本構図それ自体は否定されてはいません。

というわけで、「母子の情愛」に横溢する「情」の、文学においては許容される高揚も、一歩間違って倫理の領域に援用されれば、容認しがたい状況を生み出すということに、十分警戒しなければなりません。親が子の責任を負うという倫理的基本構図を崩してしまう代償は、その親の責任をもはや問うことができなくなるということです。そして、そうした状況がこの国では常態化した現実になっているきらいがあります。

「母子の情愛」の情と親の居直りを許す情は同一の「情」　「母子の情愛」に溢れる「情」と、日本社会に巣食う「親」の「支配」を許容してしまう「情」とは、実は区別できない元来同一の「情」である、というところに、困難の原因があります。であればこそ、日本人はこの「情」に対してはとりわけ倫理的規範意識をもって相対する必要があるのです。

すでに第一章で触れたことですが、土居健郎さんが、天皇は日本国民の「親」である、という日本人が慣れ親しんできた比喩を、天皇は国民の「赤子」である、という比喩に転換して説明しておられるのも、その根はやはり日本人の「母子の情愛」信仰にあり、結局はこの議論も「情」に訴える天皇擁護論と取られてしまうのではないかと感じております。しかし、この問題はより現実に即した仕方で論じられるべきで、次章でそれを行ないます。

『父帰る』は日本人の「母子の情愛」の「情」の「温さ」、「麗しさ」を浮き彫りにし、高揚しました。蕩父を赦すために子があえて慈母となりました。けれども、この一家族の美談がそのまま日本の社会に適用されてはなりません。親が子の立場にいつでも容易に転換しうる、そうして親の責任を逃れる、さらにはそのために子が親の代役を強いられ、その姿に皆が「いじらしい」と言って涙を流す、といったことが容認され、「もてはやされる」社会は、けっして健全な社会ではないからです。

なお、最後に、前章の『三人吉三』と本章の『父帰る』の問題性の指摘のために森有正さんの日本人評に大きく依拠したことについて一言しておきます。これら作品の「情緒への過度の耽溺」をどう批評すべきか思い巡らしていたときに、さやかに心をよぎってきたのが、以上に引用した森さんの日本人評でした。当初の予定を超えてはるかに長くヨーロッパに留まられた森さんの中でクリアーとなった日本人観は、日本人論にとってある種決定的な示唆を与えてくれます。この哲学者の思想の重要性について教えてくださったのも、本書執筆を励まし続けてくださった並木浩一先生でした。先生は森さんが毎年夏に帰国されるようになった時代の国際基督教大学の同僚でもあられました。

1 菊池寛「『父帰る』の事」、『文藝春秋』(一九二三年三月号)。
2 同上。
3 荒木博之『日本人の行動様式』(講談社、一九七三年)、73頁。
4 ルース・ベネディクト/長谷川松治訳『菊と刀』(社会思想社、一九六七年)、293頁。
5 ヴォルフハート・パネンベルグ/西谷幸介訳『現代キリスト教の霊性』(教文館、一九八七年)を参照してください。

第八章　君と臣の責任と無責任

〈ジョン・ダウアー、東条英機、昭和天皇、木戸幸一、吉田茂、半藤一利〉

先に第二章から第四章にかけ、〈記紀〉の読み解きをとおして、持統天皇の「母子の情愛」を根本起因とした皇位父子継承法に基づく天皇制が成立し、持統亡き後全権を奪取した藤原不比等が、〈記紀〉「神代巻」の創作付加により、天皇制と不可分の藤原摂関制を正当化し、これをわが国の統治システムとして確立したという、その経緯を見届けました。

「臣」が引き起こしてきた無責任性の問題

摂関制での天皇輔弼者らの無責任の在りようについては（本書、50頁）繰り返しません。ここで確認したいのは、この無責任性の元凶は――「憲法十七条」が示す国民の三分法「君（きみ）」、「臣（おみ）」、「民（たみ）」で言いますと――もっぱら「臣」らであったということです。「臣」が起こしたからこそ、由々しい無責任事態でもあったわけです。

そして、上山さんの言われる明治以降の「憲法的天皇制」も狭義の「摂政」規定を残すのみならず国務大臣全員に「輔弼」の権限を付与したわけですから、旧来の「臣」の無責任の心性が近代日本の「官僚」にも引き継がれたのは当然のことであったかもしれません。

そこで、本章前半では、いわゆる「高級官僚」が起こした比較的最近の無責任事例と、彼らに追随しようとする「議会政治家」の言葉を紹介し、現在もわが国に継続するこの心性を確認しておきたいと思います。後半では、「太平洋戦争」時代の代表的「臣」である「軍高官」らの無責任状況を、「君」すなわち天皇との関係において、跡づけていきます。

そこで、その問題の意味と構造をよりよく把握するために、まず、キリスト教における「責任性」、「無責任性」の理解を紹介するところから始めたいと思います。

「アカウンタビリティ」（説明責任）の聖書的起源

或るキリスト教倫理学者によりますと、「責任」に当たる現代英語の"responsibility"は一九世紀頃に流布した新しい用語であり、[1]それよりも聖書に由来する"accountability"のほうが用語としても古く、また根本的な意味を提供してきた概念と思われますので、その説明から入ります。

"accountability"とは、新約聖書中の、寛容な主人からタラントン〔「巨額の資金」、転じて神からの「賜物」「能力」〕を与えられた召使たちが、主人の旅行中それを元手にビジネスで収益を得、それを帰宅した主人と「清算」した（settled *accounts*）という場面〈マタイによる福音書25章19節〉に端を発する、「会計説明責任」の概念であることがわかります。

この物語の要点をキリスト教神学的に解釈しますと、「責任」とは基本的に、神の「恵み」に対する人間の「応答」、と解することができます。すなわち、神からの無償の賜物と、それに与った人間のそれにふさわしい態度、ということです。キリスト教神学はこの二つの要素を――ドイツ語で――Gabe（恩寵、恩恵）とAufgabe（課題、使命）の関係として理解してきました。「ガーベ」に恵まれた人はそれを用いて果たすべきその「アウフガーベ」も比例するという見方です。これが、ヨーロッパの伝統的な「高貴者の道義的義務（ノーブレス・オブリージュ）」という社会的文化的観念を、キリスト教信仰の視点から、さらに強化してきたわけです。

無責任性とは受恩（ガーベ）にふさわしく果たされない施恩（アウフガーベ）

たしかに人間社会にはこうした恩恵において他の人々に勝る人々が存在し、彼らは必然的に社会の指導者となってきました。わが国で言えば、民に対する「臣」です。その恵みは大君から平清盛が賜ったような「過分の受領」としての「恩」として理解されてきました（前篇、78頁）。この過分の恩が、一方では統治のための権威や権力となり、他方ではこの統治への責任的挺身を促します。

当然、わが国の名もなき「民」はこれら「臣」の統治の姿を見届けてきたわけですが、以上の観点からして、わが国の「臣」が受けた恩は施した恩に比べあまりにアンバランス、換言すれば、彼らの「無責任性」が時として顕著にすぎる、ということが観察されてきました。そこで、以下は、まず、近年の「高級官僚」の無責任ぶりから見てまいります。

廉潔とはほど遠い破廉恥な高級官僚　第一章で触れました（本書、25～26頁）京極さんによれば、明治期の官僚は儒教的官人倫理と日本的「恥」の世間常識によって「廉潔」の性格を帯びた人々であり、[2]これは現在でも大半の公務員の方々に共通することかと思いますが、一九七〇年代の高度経済成長期から九〇年代にかけて――日本の政治が本来の「議院内閣制」ではなく「官僚内閣制」だと評されていた時代――いわゆる「キャリア官僚」は、その権限行使において、「恥」を知るどころか「破廉恥」と言うべき域にまで達していたかと思われます。それを示す具体例は枚挙に暇がありませんので、二例のみを挙げます。

一九九〇年代初め、或る省の或るキャリア官僚の主導下、同省管轄の公益法人が約四五〇〇億円をかけ全国に二〇七〇か所の保養施設を建設しました。そのうちの最大施設を或る市に総工費四四五億円で建設し、これをまた同省管轄の別法人が運営、見事に赤字となり、六年後にその市に八億五千万円の安値で買い取らせ、さらには同市がこれをイギリスのホテルに売却、さらに現在はある開発業者の手に落ちております。先の二千を超える施設の大半も同じ運命を辿り、これはスキャンダルとして当時のメディアを賑わせました。

ここには民間企業人なら誰もが抱く収支バランスの感覚が欠如しています。当該官僚にそれがないのではなく、以下に示しますように、責任逃れが可能でしたので、本人は「我関せず」の態度に終始したのでした。

人目を引かずに官僚が用いえた公金

こうしたキャリア官僚が醸し出す問題状況を鋭く批判されたのが、ウォルフレンさんでした。事の本質を次のように指摘しておられます。

「官僚はまた、ありとあらゆる経済的・政治的目的をもつ多くの公益法人を統括し、ついでに抜け目なく官僚の退職後の再就職先として確保し、閑職について生活費をかせぐ準備をしておく。主に日本の郵便貯金制度（非共産圏最大の金融機関）の原資をもとにこうした法人が運営されるが、その予算は事実上議会のコントロールを受けないので、人目を引かずに、官僚の特定の目的を遂行するために支出することができる」。[3]

要するに、当時、エリート官僚たちは、「課長」職に就いたところで、その「行政指導」権限により、「（旧）民法三四条」（「……公益に関する社団又は財団にして営利を目的とせざるものは主務官庁の許可を得て之を法人と為すことができる」）を盾に、自省の許可のもと公益法人等の設立を企画し、そのために税金や国債とは別に国の信用で集めた「公的資金」を国会議決を経ずに用いえた、ということなのです。さらに、こうした法人を退職後の「天下り」先とし、そこでいわゆる「官製談合」を取り仕切り、私腹を肥やしました。上述の官僚が退職後三回の天下りで得た収入は三億円になんなんとしたと報道されました。なお、二〇〇七年の郵政民営化後も上述の公的資金の部分は実質、現在も官によって管理されております。

こうして、現代の日本においても高級官僚たちは法に触れない何らかの特権を当てがわれてそのエリート意識を保持しており、それがまた彼らの無責任性を醸し出す揺籃であり続けています。ただ、上述の旧民法三四条のような問題の多い法律は、周知のように、二〇〇六年の一般社団及び財団法人に関する法律制定の際に削除されました。ちなみに、キャリア官僚を生み出した「国家公務員試験Ⅰ種」は二〇一一年に「総合職試験」と呼称変更されましたが、これは国民の批判をかわすための皮相な方策のようにしか見えません。

官僚の道義的信用失墜　ところで、もう一つの由々しい事例は、一九九八年の「大蔵省接待汚職事件」、俗に「ノーパンしゃぶしゃぶ事件」と呼ばれる事件です。官庁としての格も権限も最高位を自負した大蔵省がこの事件（収賄による大蔵省現役官僚四人、OBの日本銀行員等三人の逮捕）をきっかけに、その後、「財務省」と「金融庁」に分離されました。名称が変わっただけで中身は同じという強がりも聞こえましたが、エリート官僚の道義的信用失墜による官僚主導政治の終わりという意味で、これは象徴的な出来事でした。

このことは、明治以来のわが国の官僚制が一般庶民にのみならず議会政治家に対しても「専制支配」的存在であってきたことを考えますと、きわめて印象深いことでもあります。この官僚専制支配に対峙して政治家たちは「名もなく貧しい庶民の庇護者」として振る舞ってきたのですが、それは実権はたえず官僚側にあったということの証左でもあります。[4]

しかし、上述の大蔵省の不祥事等をきっかけに、二〇〇〇年代に入る辺りで、政治家が実権を握る本来の「政治主導」へと移行し始めます。

政治主導への転換点「内閣人事局」　長くなりますのでそのプロセスの説明は省き、私が考えますその決定的転換点だけを申し上げますと、それは二〇一四年の「内閣人事局」の設置でした（内閣法第二一条）。そのポイントは何だったのでしょうか。

従来、各省の重要人事は当該省内で実質決定し、それを内閣が事後承認するという慣習でしたが、今度はまず内閣人事局が候補者名簿を出し、それを基に各省が練った案を内閣が最終決定するという仕組みに変わりました。ここから役人が官邸の意向を「忖度」するようになったわけですが、それほどこの人事権の逆転は強く印象づけられたわけです。

というわけで、国民の信託を得た議会政治家がこれでようやく公僕たる官僚への指揮権を獲得した、これこそ民主主義だ、と叫ぶ声も聞こえてきそうです。

事柄はそう簡単ではない！　しかし、事柄はそう簡単ではありません。と言いますのは、政治家のほうにそうした民主主義体現者としての自覚があるのか、たいへん怪しいふしがあるからです。以下の国会議員の言葉が私のそうした印象を決定づけております。

事の前段から申しますと、二〇〇四年頃から、メディアの煽りもあり、国民の多くが国民年金制度は破綻するのではないか、年金はもらえるのか、と疑い始め、もう掛金は払わない、という人々が増え始めました。そこで、年金制度改革の一環として、国会議員が率先して議員年金の廃止法案を提出し、二〇〇六年、それが国会を通過しました。それでたしかに半世紀ほど続いた議員年金は廃止されたのですが、その時点で十年以上議員であった者には支給は続く、という抜け道も備えられました。

「自分たちはお上だ！」と言う政治家　そして、この法案審議の際に、或る国会議員から次の発言があったと、或るテレビ局が報じました。こう言ったというのです。

「自分たち国会議員は『お上』であるので、特権を得てもよい」（傍点は私）。

これが年金継続を願うゆえの発言だったか、ヴェテラン議員への支給継続に賛成ゆえの発言だったか、さやかに思い出せませんが、いずれにせよ、私はここで「お上（かみ）」という言葉が用いられたことにたいへん驚きました。こうした意識が現代日本の国会議員にも続いており、投票で選出された代議士（リプリゼンタティヴ）という感覚よりは、いかにも日本的で伝統的な身分をめぐるイデオロギーに支配されているのだ、とあらためて思い知ったことでした。

必要なのは日本人に巣食う藤原イデオロギーの非宗教化（セキュラリゼーション）

ここからわかりますのは、議会政治家も高級官僚と同様に権力を帯びたいという思いでは同じ穴のムジナなのだということもそうですが、それ以上に、今申し上げた日本の伝統的な――まさに神話的、宗教的な――イデオロギーの、日本人に巣食う執拗な強力さということでした。

この政治家の発言をきっかけに、「天下り」という表現が現在のわが国で何の違和感もなく使用されている異様さにもあらためて気づかされました。政治家が自身を「お上」と呼んだり、社会全体が官僚の再就職を「天下り」と何の疑いもなく呼んでいる辺りに、日本国民全体が今もなお抱え込んでいる問題が象徴されているように思われます。

「お上」も「天下り」も、藤原不比等が持統天皇没後、鬼の居ぬ間の何とかのように、山田史御方に執筆させた〈記紀〉「神代巻」に由来する概念です。わが国古来の八百万神を新たに「天神（てんじん）・地祇（ちぎ）」に二分し、藤原氏の祭神「天児屋（アメノコヤネ）」と「建御雷（タケミカヅチ）」を高天原（たかまがはら）の天神（あまつかみ）の側につけたというのが、この「藤原イデオロギー」のポイントでした。天皇の外戚側近としてその血統に加担し、この大君の世話を焼く代わりに、摂政関白としてその統治権を実質、全面掌握する、という巧妙狡猾なる筋書きの物語です。

「お上」や「天下り〔天降り〕」の日常用語化からもわかりますように、この「律令的天皇制」のイデオロギーが今日もなお日本教の価値体系の根底で息づいております。ウォルフレンさんが言われる、日本を「民主主義国家（デモクラシー）」にするために必要な「宗教性の切り離し」とは、端的に申し上げますと、まさにこのイデオロギーの衣を国民全体が脱ぎ捨てる、ということなのです。そして、そのためには日本人の政治的成熟が必須の課題となります。

藤原イデオロギーに対する内省の促し　本書の使命は、このイデオロギーが日本人自身が意識する以上に依然としてその内面に巣食いその思考や言動を支配しているという事実を、日本人が再認識し、その「深い内省」へと向かうよう、警鐘を鳴らすことだと理解しております。そこから今後なされるべき諸方面の展開については、本書と同じ問題意識を共有される専門家の方々にお任せすべきでしょうが、この点でわが国の私立大学、またその一割以上を占めるキリスト教大学の研究教育的貢献に期待するところは大です。[5]

さて、本章のこの後半では、先に申しましたとおり、日本のかつての高位軍人の由々しい無責任事例を取り上げ、そこから与えられるべき教訓を探りたいと思います。

「みれんげ」な最期に終始した太平洋戦争の最高指導者　この問題を詳細に論じる紙幅はありませんので、以下、太平洋戦争の戦争指導を担った軍人のトップ・リーダーに集中して述べてみたいと思います。先にも触れましたダウアーさんは、このリーダーの最期の有り様を次のように描写しておられます。事の要点を衝いた報告です。

「〔一九四五〈S20〉年〕九月一一日に逮捕命令が出てMPが〔自宅に〕逮捕にくると、東条は自分の胸をピストルで四発撃ち、アメリカ人記者たちに椅子に抱えあげられた。それから、『東条、これを持って』とピストルを手に握らされて、写真を撮られた。救急車が来るのを待つあいだ、一人の記者に『今際のことば』を残した。氏名不詳のGIからの輸血のおかげで、アメリカの医療チームによって一命をとりとめた。急遽運ばれた軍の病院で治療にあたった医療チームの親切と効率の良さに感銘を受けて、見舞いに訪れた外務省高官にむかって『アメリカのデモクラシーの強さ』を褒めちぎった」。[6]

当代アメリカ切っての歴史家によるこの記述は、「こうした一連の不名誉のあと……」（傍点は私）と続きますが、その下りに触れるまでもなく、ここにはこの戦争の日本側の実質的指導者への最大級の皮肉が込められています。実際、この結末はそうした皮肉に一言の反論もできないほどの代物であり、日本人自身が「〔東条は玉音放送後も〕みれんげに生きていて、外国人のようにピストルを使って、そして死に損なっている」[7]と評しました。その後、彼は自身の救命への感謝のつもりか、米軍司令官の一人に「高価な刀剣を贈」り、「立派に回復して、東京裁判で無罪を主張した」[8]と、この皮肉は締め括られます。

胸に四発も撃ち込みながら「一命をとりとめた」というところに、結局は覚悟の自決ではなかったということがわかります。小銃とは言え、本気なら——ドイツの総統のように——頭部に一発で十分、そのための備えであったはずです。こうして、一命を取りとめた後、彼は見舞いに来た同胞に向かい、「アメリカのデモクラシーの強さを褒めちぎり」ました。聞かされたほうは、三百万を超える犠牲同胞を偲びつつ、何と思ったことでしょうか。

多くの無責任な戦争指導者ら

「生きて虜囚の辱めを受けず」と謳ういわゆる『戦陣訓』を陸軍大臣時代に示達し、一九四一〔S16〕年一〇月には総理大臣となってこの戦争を指揮したのが、この人物でした。この軍人告諭に法的拘束力はなかったなど言い訳がましい解説もありますが、これは明らかに「戦時国際法」に反する告諭であり、事実上戦場で捕虜となるよりは戦死せよとの命令として機能し、結果、多くの犠牲者を生み出しました。

戦争終結から二七年後、「恥ずかしながら」とグアム島ジャングルから生還した軍曹も、二九年後フィリピンのルバング島で元上官から直に任務解除命令を聞き、ようやく社会復帰した少尉もおりました。他国ではありえなかった、この『戦陣訓』ゆえの事例です。

戦争指導を担った軍高官たちもそのほとんどがこのリーダーと似たり寄ったりの体を呈しました。彼が自分の回りにイエスマンを集めていたことは有名でしたが、その一人は「特攻作戦を進め〔フィリピンで「自分も後に続く」と特攻兵を見送り〕ながら、自らは台湾に〔胃病を理由の温泉療養のため〕〝逃亡〟し」[9]、戦後を生き延びた陸軍中将でありました。

責任を執ったわずかの戦争指導者たち

この戦争指導についてかろうじて責任を執ったと思われるのが、「特攻」の発案と実践の指導者大西滝次郎海軍中将でした（一九四五年八月一六日、割腹自殺。「特攻隊の英霊に……深謝す」と遺書の冒頭に。その遺志により介錯はせず、八時間ほどの苦しみの末、逝去）。「かろうじて」と厳しく添えますのは、当然と言えば当然の責任執行と思われるからです。にもかかわらず彼の自決が顕彰に値すると思えるのは、他にこうした明確な責任の執り方をした者があまりにも少なかったからでしょう。

靖国神社に参拝する一方、「A級戦犯には祈らない」と明言し、[10]「東京裁判」とは別に日本人自身によるこの戦争への審判の必要を主張した――これについては次章で触れます――故石原慎太郎さんは、その脚本と総指揮による映画『俺は君のためにこそ死ににいく』（二〇〇七年）で、この中将にのみスポットライトを当て、その壮絶な最期を描いております。

玉音放送後も「未だ停戦命令に接せず」とし、その日の特攻に自ら加わって沖縄の海に散った宇垣纏海軍中将についても、特攻兵には「感謝の外無し」との遺言もあり、自らの責任を自覚し執行した戦争指導者であったと判断しうると思われます。阿南惟幾陸軍大臣・陸軍大将の自決(八月一五日未明、割腹自殺。遺書は「一死以テ大罪ヲ謝シ奉ル、神州不滅を信じつつ」とのみ)も、天皇に向けての敗戦の謝罪の意味合いが強かったとも言われますが、陸軍の特攻指導者としての自覚的最期であったように思われます。阿南大将とともに特攻を指導した寺本熊市陸軍中将も八月一五日に自決しました。

いずれにしましても、このように、敗戦直後に自決により――ということは、それ以前より十分なる覚悟をもって――戦争指導の責任を執行した四者に比すとき、上記最高指導者の「みれんげ」な最期や、戦後をのらりくらりと生き延びた他の多くの軍高官らの文字どおり「無責任」な人生態度には納得しがたいものを感じます。

君と臣の責任と無責任

ところで、しかし、この無責任性は「君」との関係における「臣」のそれでありました。そこで、以下、「君」すなわち天皇と「臣」との責任と無責任がどのような緊張を織り成していたのかを、初代宮内庁長官田島道治による天皇との対話ノート『昭和天皇拝謁記』（岩波書店、二〇二一年〜、全七巻中現在第五巻まで既刊。以下、引用頁数及び年月日は、他の注記以外、すべて本書より）を参照しつつ、辿ってまいりたいと思います。[11]

オリジナルな「おことば」案　敗戦後七年を経過した一九五二（S27）年三月四日、昭和天皇は五月三日の憲法記念日に計画されていた「おことば表明」の草案を確認します。これは前年九月の「サンフランシスコ講和条約」で約束された日本の新たな独立回復を祝賀する画期的機会であり、すでに二年前に皇位への「留位」を決意した天皇にはきわめて重要な、国民へのその心情表明のチャンスでした。この草案は初代宮内庁長官田島道治（みちじ）が数カ月にわたり天皇の言葉と思いを対面で聞き取りまとめたもので、この時点では次のようになっておりました。この戦争への自身の道義的責任を言い表わそうとする天皇の言葉です。

「事志と違ひ……兵を列強と交へて、遂に悲惨なる敗戦を招き、国土を失ひ、犠牲を重ね……曽て無き不安と困苦の道を歩むに至ったことは遺憾の極みであり、日夜之を思ふて悲痛限りなく、寝食安からぬものがある。……無数の戦争犠牲者に対し深厚なる哀悼……を表すると同時に、過去の推移を三省し、誓って過ちを再びせざるよう戒慎せねばならない」（傍点は私）

（『拝謁記』第三巻、二六八頁）。

この時点までの時局の経過と天皇の戦争責任をめぐる思いは、次のようでありました。すなわち、敗戦直後一九四五年九月二七日のあの有名な「昭和天皇・マッカーサー会見」で、この戦争の責任をめぐる天皇の発言に対し、マッカーサー連合国軍最高司令官（以下、「マ元帥」と略記）は、「明らかに天皇に帰すべきではない責任を引き受けようとする、この……態度」に「感動」し、[12] その後の対日占領政策を決定していきました。

その根本が、天皇制を維持し、天皇が有する国民をまとめる力（コーヒーシヴ・パワー）（本書、38頁）を活用するということであり、その第一の方針が「東京裁判」（「極東国際軍事裁判」）における「天皇不訴追」でした。これは、裁判開始を二カ月後に控えた四六（S21）年三月、マ元帥から秘書官ボナー・フェラーズ准将を通じ伝えられました。天皇はさらに四八（S23）年一〇月にはマ元帥より吉田茂首相を介し皇位への「留位」の念押しを受け、「国民とともに日本再建のため最善を尽くす決意」との返書を田島を介して送っておりましたので、[13] 周囲も国民も天皇は国家再建のため前向きであると信じておりました。

しかし、実のところ、翌四九（S24）年の時点でも、その内心は自身の戦争責任を執っての「退位」、そして皇太子への譲位の思いがなお渦巻いておりました。[14]

「退位」意向を翻しての「留位」決意

この意向を考慮し、五一（S26）年八月、田島は天皇の退位問題を吉田首相に相談しますが、吉田の返答は「世の利口ぶるものがそんな事をいふのもあるが、人心の安定上そんな事は考へられぬ」（『拝謁記』第二巻、191頁、五二年八月二八日）でした。これを受け、天皇は全国巡幸の宮廷列車内で田島と話し合い、「地位に止まるのは易きに就くのではなく、難きに就き困難に直面する意味である」（『拝謁記』第三巻、12頁、五二年一一月一一日）として、退位の意向を翻し、「留位」することを決意します。

ところで、吉田が言う「世の利口ぶるもの」とは、直接には、東京裁判で東条と同日A級戦犯として「終身刑」を言い渡され、巣鴨プリズンに拘留されていた元内大臣木戸幸一を指しています。天皇は、玉音放送後、マ元帥来日の前日八月二九日に、木戸に「退位」問題を相談していたのです。[15]木戸は「〔大日本帝国〕憲法上、大元帥、戦争の最後の責任者」として天皇にも責任ありとの立場に立ち、「退位」に賛同しました。ただし、「ご退位」は「日本が平和の国家……世界の一員として復帰する……講和条約のできた時」と助言し、天皇もこれに同意していたわけです。木戸はその後も巣鴨からこの考えを伝えています。[16]

「反省」への強いこだわり　もちろん、この退位問題は上述の天皇自身の留位の決意で取り沙汰されなくなります。それでもなお、天皇は自らの責任を「おことば」に「反省」という形で表明しようとします。「私はどうしても反省といふ字をどうしても入れねばと思ふ」（傍点は私）（『拝謁記』第三巻、55頁、五二年一月一一日）、「反省といふのは私にも沢山ある」、「軍も政府も国民も……

下剋上とか、軍部の専横を見逃すとか皆反省すればわるい事があるから、それらを皆反省して繰返したくないものだ」(『拝謁記』第三巻、84~85頁、五二年二月二〇日)。この強い思いが反映されたのが上記「おことば」案でした。

「事志と違ひ」への強い反対　しかし、この草案に対し田島が部下の宮内庁幹部に意見を求めたところ、まず、冒頭の「事志と違ひ」に対し「何か感じがよくない」と「反対」が「強く」出され、その「削除」が提案されました(『拝謁記』第三巻、118頁、五二年三月一〇日)。要するに、御名御璽の詔書で始めた戦争を、天皇自身が今さら「志と違ひ」と言うのは弁解にしか聞こえない、という厳しい意見でした。

天皇の反問　しかし、天皇はこれに対しきわめて率直に「どうして感じがよくないだらう」と反問します。その言い分は、「私は『豈朕が志ならんや』といふことを〔宣戦の詔書に〕特に入れて貰ったのだし、それを言ってどこがわるいのだらう」というものでした。「私はあの時東条にハッキリ英米両国と袂を分つといふ事は実に忍びないといったのだから」(『拝謁記』第三巻、120頁、五二年三月一一日)、この「おことば」で、敗戦までを振り返り、「事志と違ひ」と言って「どこがわるい」という言い分でした。

太平洋戦争に対する天皇の偽らざる回顧　天皇は、満州事変(一九三一〔S6〕年~)から日中戦争（一九三七〔S12〕年〜）へと続く軍事動乱のきっかけとなった、一九二八（S3）年の「張作霖爆殺事件」（満州支配を目的とし関東軍参謀河本大作らが満州軍閥の張作霖らを列車ごと爆殺した）について、「田中内閣の時に張作霖爆死を厳罰にすればよかったのだ」と述べ、同じく関東軍参謀石原莞爾らが独断で引き起こした「満州事変」（一九三一〔S6〕年、奉天郊外で満州鉄道を爆破、これを中国軍の仕業とし、自衛のためと称し満鉄沿線一体で中国軍を追放、「満州国」を作った）を憂い、そうした状況に陥ったのは「下剋上を早く根絶しなかったからだ」（傍点は私）（『拝謁記』第三巻、227頁、五二年五月三〇日）と述べています。さらに三六（S11）年に青年将校らが起こし陸軍の脅威を印象づけた「二・二六事件」についても、「あの時分の軍部の勢は誰でも止め得られなかった」と述べ、三七（S12）年の「南京事件」については、「〔私には〕表立って誰れもいはず」、東京裁判を通じて全貌を知り、「実にひどい」と嘆いています（『拝謁記』第三巻、85頁、五二年二月二〇日）。

これらの思いは、「おことば表明」を半年後に控え、天皇が田島に語った、この戦争への偽らざる以下の回顧の言葉に集約されています。

「東条内閣の時には……最早どうする事も出来ぬといふ事になってた」。「終戦で戦争を止める位なら宣戦前か或はもっと早く止める事が出来なかったかといふやうな疑を退位論者でなくとも……持つと思ふし、又首相をかへる事は大権で出来る事故、なぜしなかったのかと疑ふむきもあると思ふが」――「それは勿論あると思ひます」（田島）――「いや、そうだらうと思ふが、事の実際としては下剋上でとても出来るものではなかった」（傍点は私）（『拝謁記』第三巻、26、29頁、五一年一二月一四、一七日）。

「すべきであった」と「できなかった」との狭間での苦悶

こうして、天皇は、退位論者の問いに仮託する形で、国家元首としての不戦命令なり、文武官任免権者としての首相解任なり、ありえた事柄の不実行を自ら「反省」しています。しかし、事実、それが「とても出来るものではなかった」のは、張作霖爆殺以来の軍部の天皇に対する「下剋上」の現実があったからです。この「すべきであった」との反省と「できなかった」現実との板挟みの思いに、天皇の苦悩が滲み出ています。天皇は「下剋上」の言葉を繰り返しますが、その辺りに東条を頂点とする軍部への苦々しい思いが察知できます。

にわか仕立ての「大東亜共栄圏構想」

一方、東条のほうは、表向きは天皇への「臣」としての恭順を表わしつつ、[17]内実は軍部の戦争突入への衝動をそのまま天皇への圧力としました。日本軍の海外からの全面撤兵を要求する米英に対し、東条陸軍大臣がこれを拒否する中、近衛文麿首相がいかに米英との戦争回避の交渉に臨んでも無駄でした。一九四一（S16）年に入り、開戦前の数カ月間に、それまであまり謳われてこなかった「大東亜共栄圏構想」が陸軍の主導によって声高に叫ばれるようになっておりました。[18] それに従えば、東アジアからの撤兵などありえないことになります。熟慮されたごときの動きでした。

止むを得なかった東条首相任命

こうした状況下、一〇月に近衛内閣は総辞職、天皇は木戸が推挙する東条を首相に任命します。[19] 木戸は、東条が天皇への忠節において平和志向の聖意[20]を実行してくれるのではとの一縷の望みを抱きつつ、彼を推挙したのでした。しかし、他方で、これは、ともかくも陸軍大臣を首相とすることで国内の混乱（二・二六事件のような内乱の再発）を避けようという、止むを得ずの判断でもありました。

木戸は、東京裁判に関わる尋問で、東条を対米戦争に導く公算の最も大きい人物と思っていたのかという問いに対し「はい」と答え、彼の首相指名が戦争回避のための最良の策と考えていたのかという問いにも「はい」と答えています。一見矛盾ですが、これは天皇と自分のためには一貫した弁明でした。東条の首相任命はやむを得なかったのです。[21]

「天皇は東条の進言でしぶしぶ開戦に同意された」

さて、戦争責任をめぐる天皇と東条の緊張の頂点（クライマックス）とも言うべき出来事が、次のように起こります。東京裁判は見ましたように「天皇不訴追」の方針のもと進められていましたが、開始から二年目、一九四七（S22）年大晦日の法廷で、東条の弁護人が「天皇の平和愛好の心に背いて行動したり進言したりしたことはあるか」と尋ねたのに対し、東条は「日本国の臣民が陛下のご意志に反してかれこれすることはあり得ないことでございます」と答えます。これは、開戦も戦争遂行も天皇の意志によるものであったと取りうる、法廷戦術を駆使したごとき答えでした。

連合国及び米国首席検察官ジョゼフ・キーナンはこれを放置しえない東条の発言と判断、その撤回を求めて協力者田中隆吉元陸軍少将と善後策を協議します。そこで、田中は宮内庁式部官長松平康昌に相談し、松平は一月二日、巣鴨で木戸と面会、東条に発言を撤回するよう説得を依頼します。木戸は、彼の日記によれば、同日、キーナンとも会っています。

今となって、その間の経緯は不明ですが、一月六日の法廷で東条は前回の発言を撤回し、次のように述べました。「あれは私の国民としての感情を述べたものであって、天皇の〔戦争に対する〕ご責任とは関係ありません」。さらに、「天皇は東条の進言でしぶしぶ開戦に同意された」とも証言しました。これ以降、この法廷で天皇の戦争責任については言及されず、東条らの責任が追及されていくことになります。[22]

「ご聖断」――専横なる「臣」が弱者なる「君」に押しつけた最終責任

以上、太平洋戦争の責任をめぐって天皇と東条の関係を見てきました。天皇は国家元首として法制上はこの戦争の総責任者でしたが、この戦争の前段階かつ原因であった日中戦争に関して必要な情報は提供されず、関東軍の専横による「下剋上」状態に置かれ、かつ、内閣（統帥部および政府）の奏上はすべて承認するという従来の慣習に従ったため、自らの意志表明もままならず、結果、「豈朕が志ならんや」を開戦の詔書に「特に入れいて貰ったのだし」（傍点は私）と言うほどの、「弱腰」の態度に終始せざるをえませんでした。津田左右吉が評しましたように、まさに政治的な「弱者」（本書、47頁）なる天皇の姿がそこにありました。

これに対し、軍指導者らすなわち「軍事的輔弼」らは文字どおり勢いの赴くまま対米英戦争を必然化し、天皇にはこれを「しぶしぶ」認めさせ、戦局悪化の際も国民に向けては虚偽の報告――例えばミッドウェー海戦（一九四二〔S17〕年六月）で、実際には空母四隻を失っても、空母一隻沈没、一隻大破とだけ発表――を続け、挙句、実質戦闘能力を喪失しても連合国の無条件降伏要求（「ポツダム宣言」、一九四五〔S20〕年七月二六日）には内閣として判断を下せず、八月六日、九日の広島、長崎への原爆投下を受け、初めて天皇にその判断を託すわけですが、それが無条件降伏の受諾および敗戦の宣言（玉音放送）となったわけです。

この天皇の決定を「ご聖断」と称し、自分たちはそれに日本臣民として従順に従ったにすぎないなどと軍指導者らが述べるなら、それこそ自ら執るべき責任を「君」に押しつける「臣」の無責任な態度と言わざるをえません。こうした場合、天皇を頂点とする秩序社会では軍指揮官にさえ戦争を起こしたという意識は見出せない（「命令されてやっただけ」、本書、40頁）、自己の存在が天皇からの権威づけによってのみ支えられるような世界では主体的責任意識など成り立ちようがないから、とする議論がありますが、そこまで言い切ると、「臣」の無責任の言い逃れを不当に容認する無用な理論にしか聞こえません。現実には、先に見ましたように、無辜の特攻兵を死へと誘ったのはまさに自分たちであったと自覚し自決した軍指導者たちが存在したのであり、この理論への見事な反証となっているからです。

さて、以上は、どちらかと言えば天皇擁護に響く議論と感じられた読者がおられるかもしれません。私自身は資料に従い事態を公平に論じたつもりですが。いずれにしましても、私がそれを超えて申し上げたいのは、不比等が設えた輔弼制度を実質抱え続けるような天皇制は根本的に不適切なシステムであり、それが「太平洋戦争」のような未曽有の危機において明白に露呈されたのだ、ということです。

昭和天皇逝去（一九八九年一月七日）後、皇位を継承した平成天皇においては、客観的にはより適切なる「立憲君主制」に向けての、また主観的には国民統合の象徴の意味での「象徴天皇」の在り方への、真摯な努力が続けられたように思われます。しかし、いまだ日本社会には上山さんが言われる「藤原イデオロギー」の残滓が有害な作用を及ぼし続けているふしありますので、本書の務めとしてそれを批判的に指摘しているわけです。

首相の実利主義（ユーティリタリアニズム）が阻んだ天皇の「反省」

その意味でも、本章の締め括りとして、あの天皇の「おことば表明」がいかなる結末を迎えたのかをお伝えしておきます。上述の三月四日の「おことば」の当該部分は、五月三日にはただ以下のように残されただけでした。

「戦争による無数の犠牲者に対してはあらためて深甚なる哀悼と同情の意を表します。又特にこの際既往の推移を深く省み、相共に戒慎し、過ちをふたたびせざることを堅く心に銘すべきであると信じます」（傍点は私）（『拝謁記』第三巻、283頁）。

天皇自身の戦争への道義的責任に関して、退位のみならず、その言葉による表明にも賛同していた木戸は、この「おことば」について、「文書から読むと、陛下としては甚だ不本意じゃなかったかと思いますがね」と率直な感想を述べています。[23]

天皇が心を砕いて準備した、あのせめてもの「反省」としての責任の表明が、なぜこのように質量ともに低下したのか、その原因は吉田茂が首相としてこの「おことば」に対し諸々の要請をしたからでした。吉田は田島から意見を求められ、「今少し明るい〔新日本の〕前途の理想を織り込んで」頂きたいと述べ（『拝謁記』第三巻、117頁、五二年三月一〇日）、最終的には「兵を列国と交へて敗れ、人命を失ひ、国土を縮め……たことは遺憾の極みであり……悔恨悲痛……寝食安からぬ」

という下り「全体を削除願ひたい」と要請しました。それを言うことで、天皇の戦争責任論、さらには「折角今声をひそめてるご退位説を又呼び覚ます」から（『拝謁記』第三巻、172頁、五二年四月一八日）、という理屈でした。[24]

田島はこの吉田の考えを天皇に伝えます。すると、天皇は「戦争の〔悲惨の〕事をいはないで反省の事がどうしてつなぐか」（傍点は私）と反論します。「遺憾な結果になったといふ事」を述べて「反省……へつづける」というのが、天皇の意図でした。それが「既往の推移を深く省み」と言うだけになりました。田島はこの時の天皇の様子を「今日ははっきり不満を仰せになる」と伝えています（『拝謁記』第三巻、175～176頁、五二年四月二一日）。

しかし、天皇は、新しい「日本国憲法」（四七〔S22〕年五月三日施行）の「象徴天皇制」の精神――そこには首相の意見への天皇による尊重も含まれます――を重んじる田島（元貴族院議員、新憲法草案審議に加わった勅選議員）から慇懃な説得を受け、最終的には、「長官がいろいろ……考えた末だから、それでよろしい」、「大局から見て……この方〔吉田の意向を反映した田島の最終稿〕がよいと思ふ」と引き下がり（『拝謁記』第三巻、180頁、五二年四月二二日）、結果、天皇自身の戦争への「反省」はほとんど感じ取れない「おことば表明」となったのでした。

以上の経緯を振り返りつつ吉田が果たした役割を考えますと、少なくとも昭和天皇の「反省」の表明に関する限り、これを抹殺したとまでは言わずとも体よく埋没させてしまったと言えるかと思います。ここにいかにも日本的な輔弼者の僭越さを感じてしまうのは私だけでしょうか。占領軍統制下という異常かつ困難な時代に、総理大臣（一九四六〜四七年、四八〜五四年）として様々な課題を負いつつ、日本再興への道を切り拓いたその功績は何人も認めるところですが、こと上述の件に関する限り、きわめて遺憾な結果を招いたと言わざるをえません。そこにはこの首相特有の実利主義が大きな影響を及ぼしておりました。

「アメリカにおっかぶせて……倹約しよう……ワッハッハ」

その典型例が、アメリカ特使ジョン・フォスター・ダレス（後の国務長官）がわが国の再軍備を求めて一九五一年に来日した際、吉田が当面の経済復興を最優先し、「再軍備はいたさない」と宣言、ダレスの提案を一蹴した出来事でした。その言い草は、「〔日本の自衛面は〕アメリカにおっかぶせて、そして倹約しようと、こういうことで……ワッハッハ」（一九五五年録音）と、自画自賛の手柄話の類のものでした。「再軍備せず」は当時国民が志向した「平和主義」と表面上は合致しましたが、実際は経済優先がその第一義的動機でした。こうした目前の実利獲得を最優先した功利主義的姿勢は、彼自身の再軍備思想さえも結局は雲散霧消させてしまったのです。

昭和天皇の太平洋戦争への「反省」を認めれば、その退位問題が政治的厄介事として降りかかってきたかもしれません。しかし、天皇自身、「退位」を覚悟していたわけですから、この首相が真に「責任倫理」的にその任務に挺身していれば、退位問題も含め、戦争責任を国民全体がどう考えるのか、その課題に――多大の困難が立ちはだかったとしても――何らかの形で取り組むことができ、それなりの結果を導き出しえていたかもしれないのです。

「反省」が苦手な日本人

どうも日本人は「反省」することが苦手、というより、もともとそれをあまり念頭に置かない民族かもしれません。太平洋戦争を徹底研究された作家、故半藤一利(1930～2021)さんは、この点で、次のような警鐘の言葉を残されました。

「ミッドウェー海戦でなぜ負けたのかという大反省会をやっていない。珊瑚海開戦の反省会もしていない。失敗の研究……を海軍も陸軍もしていない。日本人全体がそうじゃないか。……〔反省には仲間の批判も伴うが〕そこまでやりたくないというのが、あるのじゃないか。失敗の教訓……を……記録にしない。……その点、アメリカは……徹底的にやる」[25](傍点は私)。

この言葉を裏打ちするのが、田中宏己防衛大学校名誉教授の次の分析です。

「珊瑚海海戦が教えてくれたのは、空母を……一隻ずつバラバラに……配置するということであった。……〔次のミッドウェー海戦で〕米国はそのように臨んだのだが、日本の場合は、珊瑚海海戦の教訓を生かすことなく、四隻が団子状態で行ってしまった」[26](傍点は私)。

成長途上の日本人　哲学の出発点は「汝自身を知れ」です。自己を知ることが人間の成長の徴（しるし）であり証（あかし）です。真の自己認識に至るには自身の不断の「反省」が必要です。そこで人間は初めて知るべきことも知らないという「無知の知」へと至ります。それは自分を厳しく知ることでもあります。キリスト教は、それは神を知ることによってできる、と言ってきました。神の視点からこそ、人間は自己を真に客観的に批判的に知ることができるからです。

民族としての日本人は、上述の「反省」をめぐる天皇と首相のやりとりからしても、いまだ「成長」過程にあるというのが、本書の確信です。その問題も含め、「おわりに」では、「戦争責任」の問題を日本人の「無責任性」との関係において取り上げてまいります。

1　See H. Richard Niebuhr, *The Responsible Self. An Essay in Christian Moral Philosophy* (Harper & Row, Publishers, 1963), p. 47. ちなみに、著者H・リチャード・ニーバーは、第5章の注1で触れました神学者R・ニーバーの弟で、影響力をもったイェール神学大学院のキリスト教倫理学教授でした。

2　京極純一『日本の政治』（東京大学出版会、一九八三年）、26頁を参照してください。

3　カレル・ヴァン・ウォルフレン『日本／権力構造の謎』上巻（早川書房、一九九〇年）、103頁。

4　京極、前掲書、250頁を参照してください。

5　例えば、日本国憲法第97条にまつわる諸事情（原執筆者GHQ憲法草案制定会議主宰コートニー・ホイットニー少将・法務博士、現憲法における第3条との重複、等々）の解説から、「デモクラシー」のキリスト教的歴史的由来について説き起こすことなどが、その課題の一つとして考えられます。

6　ジョン・ダワー『敗北を抱きしめて』下巻（岩波書店、二〇〇一年）、322頁。なお、この引用文のごとく、「東条」の表記は、以下も新漢字表記に従います。

7　ダワー、同上書、323頁より再引用。なお、これは作家高見順の言葉です。

8　同上。

9　保坂正康『あの戦争は何だったのか』（新潮社、二〇〇五年）、40頁。

10　二〇〇六年七月二一日の都知事会見での発言。

11　本章中に引用される昭和天皇や吉田茂首相の言葉については、二〇二一年九月七日放送のNHK ETV特集「昭和天皇は何を語ったのか――初公開〝拝謁記〟に迫る」も参照しております。

12　豊下楢彦『昭和天皇・マッカーサー会見』（岩波書店、二〇〇八年）、2頁。なお、この言葉は『マッカーサー回想記』上下巻（朝日新聞社、一九六四年）より再引用。著者豊下は同『回想記』に誇張ありとの懸念から、会見の唯一の立ち会い人外務省官吏奥村勝蔵通訳の手記による以下の天皇発言が最も真実に近いと判断しています。「コノ戦争ニツイテハ、自分トシテハ極力之ヲ避け度イ考デアリマシタガ、戦争トナルノ結果ヲ見マシタ事ハ、自分ノ最モ遺憾トスル所デアリマス」（豊下、29頁）。

13　東条英機の絞首刑判決日と同日、一九四八（S23）年一一月一二日に送付されたこの返書は、現在、米国ヴァージニア州の「マッカーサー記念館」に所蔵されています。

14　例えば、「講和が締結された時に……いろいろの情勢が許せば、退位とか譲位といふことも考へらるる」（『拝謁記』第一巻、七一頁、四九年一二月九日）と発言していました。

15　これについて、木戸は「八月二十九日（水）晴れ……自分が一人〔戦争責任を〕引き受けて退位でもして納める訳には行かないだらうかとの思召あり。……」と記しています。木戸幸一『木戸幸一日記』下巻（東京大学出版会、一九九〇年）、1230頁。

16　木戸のこの言葉は、二〇二一年一〇月二一日放送のNHK BSプレミアムドキュメンタリードラマ「華族 最後の戦い」から。これに関連して、『拝謁記』第三巻、9頁の田島の言葉も参照してください。

17　東条は、一九四一（S16）年一〇月、天皇に戦争回避を示唆され首相に任命された直後は、「和平だ！和平だ！　聖慮は和平にあらせられるぞ」と、陸軍大臣時代とは手の平を返すような態度を取りました。また、四三（S18）年、帝国議会で次のように演説し、「臣」なる自分が「君」への近さにおいて「民」といかに差があるかを強調し、「君」の権威への恭順を表明しています。彼の「臣」意識がよくわかる一節です。「東条といふものは一個の草莽の臣である。あなた方〔国民〕と一つも変わらない。ただ私は総理大臣といふ職責を与へられている。ここで違ふ。これは陛下の御光を受けて初めて光る。陛下の御光がなければ石ころにも等しいものだ」（傍点は私）。丸山真男「超国家主義の論理と心理」、『丸山正男集』全一六巻及び別巻（岩波書店、一九九五～九七年）より再引用。

18　東条は、真珠湾攻撃での勝利を受け、早速、翌一九四二（S17）年一月二一日の首相施政方針演説で、

「帝国は今や国家の総力を挙げて……大東亜共栄圏建設……に邁進しておるのです」（傍点は私）と述べており、ここからも彼が「大東亜共栄圏構想」の推進者の一人であったことがわかります。陸軍省軍務局高級課員石井秋穂陸軍大佐はその「日記」で、「帝国国策遂行要領」（一九四一〔S16〕年一一月一日「御前会議」で裁可）には、「自存自衛と『大東亜ノ新秩序』とが併記されておる。これは失敗であった」と記しています。彼を含め陸海軍の一部高官たちは、戦争目的を「自存自衛」に限定し、米英との早期和平を計るべき、という立場でした。以上は、二〇二一年一二月五日放送のNHKペシャル 新ドキュメント「太平洋戦争第一回 開戦（後編）」に負っています。

19 これに関わる天皇の言葉は次のごとくです。「木戸は〔私と提携して〕東条を〔首相に〕推薦して、これ以外に軍部を押さへるものはないとしたのだ」（『拝謁記』第三巻、42〜43頁、五一年一二月二五日）。

20 昭和天皇は一九四一（S16）年九月六日の御前会議で異例の形で「四方の海 皆はらからと思ふ世になど波風の立ち騒ぐらむ」（明治天皇御製）を詠じ、その平和希求の意思を表明しました。天皇自身が、「会議の……第一議に戦争準備……が掲げられ……次に平和のための努力となっていましたが、私は平和努力ということが第一義になることを望んでいたので、明治天皇の御歌を引用したのです」と述べています（高橋紘『陛下、お尋ね申し上げます』文春文庫、一九八八年、366頁）。上述（注16）の石井大佐は、この会議の議題を、第一に戦争、第二に外交と記したのは自分であると、証言しています。会議当日の杉山元陸軍参謀のメモ（杉山メモ）にも、平和的外交をするよう、天皇から命ぜられた、とあります。以上は、一九九一年八月一五日放送のNHKスペシャル『御前会議――太平洋戦争開戦はこうして決められた』より引用しています。

21 この木戸の言葉は、東京裁判資料「木戸幸一尋問調書」より。上述NHK BSプレミアム「華族 最後の戦い」より再引用。木戸はGHQに戦犯として逮捕される直前、義弟都留重人から、元内大臣としての自分が罪を被って天皇の助命を図るというその考えは欧米人には通用しない、という助言を得て、天皇も内大臣の自分もともに無罪という主張を東京裁判では貫き通したのでした。『木戸幸一日記』下巻、1256頁を参照してください。

22 以上の論述はすべて上述NHK BSプレミアム「華族 最後の戦い」に負っています。

23 木戸幸一インタヴュー録音（一九六七年）。上述NHK ETV特集「昭和天皇は何を語ったのか」より再引用。

24 この年の一月の衆議院予算委員会で、中曽根康弘議員が「天皇の御意思で御退位あそばされるなら、平和条約発効の日が最も適当」と発言し、吉田はこれを「非国民」の発言と、一蹴していました。

25 この発言は、二〇二一年一二月四日放送のNHK BS1スペシャル「山本五十六の真実――遺された手紙」より引用しています。

26 同上。

第九章　なぜ日本人は戦争責任を追及しないのか？

〈ダグラス・マッカーサー、保坂正康、石原慎太郎、江藤淳、梅原猛〉

日本人12歳少年論　朝鮮戦争への戦略の違いのため、一九五一年四月にトルーマン大統領により米軍最高司令官を解任され帰国したマ元帥は、五月、米上院合同委員会による自身への聴聞会で、日本とドイツについて次のように述べました。

「科学や芸術、宗教や文化の発展において、アングロサクソン民族を仮に45歳とすれば、ドイツ人も同様に成熟した民族でした。しかし、日本人は、その歴史は古くても、まだまだ指導を必要とする状態（トゥーイショナリー・コンディション）にありました。近代文明の水準からすれば、45歳のわれわれと比較して、日本人はまるで12歳の少年のようでした」（邦訳も傍点も私）。

元帥のこの発言全体の主旨は、「成熟した」ドイツ人の邪悪な確信犯的戦争行為に比べ、日本人の戦争は自衛戦争であったのであり、この「少年」のような民族は「大人」が丁寧に指導すれば素直に従う人々であったと、それなりの好意的な理解を示すものでした。もちろん、そこには、大統領選への自身の立候補の宣伝も兼ねた、日本人の民主化を成功させたのは私だ、という元帥の自負も窺えますが。

しかし、日本人が聞き耳を立てたのは、上記傍点の部分です。当時、日本人の大半が元帥にはその戦後の救済策のゆえに親近感を感じていましたから、この「日本人12歳少年」評には「平手打ち」[1]を食らったかのような印象を受けたのでした。

久しい歴史において固有の文化を培い、植民地の文明受容とは異なる近代化を推進してきた民族としては、マ元帥の「上から目線」のこの評は、その粗雑な文明論とともに、首肯しがたいものに聞こえます。しかし、本書の視点からは、この日本人評は安易に看過すべきものとは思われません。元帥はその五年八カ月の滞日中の天皇や要人たちとの交流や、庶民からの無数の手紙の印象から、こうした見方を直観的に得たのではないでしょうか。

12歳というのは、欧米人が言う「ティーンエイジャー」の一歩手前の、人間の未成長段階です。言われた側にすれば失礼きわまりない見方ですが、本書でこれまで見てきた日本の指導者層の無責任ぶりに限れば、やはりこの評を堂々と突き返せるほどの文明水準には達していなかったと言わざるをえません。前章で見ましたように、自ら反省しようとしない日本人の気性は、元帥が指摘する

「少年性」の典型的現象のように思えます。

映画『日本独立』（二〇二〇年、伊藤俊也監督）は、この日本人少年論を聞いた首相吉田が鎌倉の浜辺で袴の裾をたぐって浅瀬でバシャバシャと戯れ、「少年の気分も悪くないぞ」と笑いながら甥の白洲次郎を誘うと、彼も裸足でそれに付き合い、「平和条約会議での首相演説は英語でなく日本語でやりましょう」と、悔し紛れに提案する光景で締め括られます。私自身はこのシーンを複雑な思いで見終わりました。

敵の好意を当てにする「甘さ」　ところで、この「少年性」にはもう一つ、「相手まかせ」という特徴もあるように思われます。前篇で言及しましたが、日本人に顕著な「人間関係において相手の〔自分への〕好意をあてにする」態度のことです。土居さんによれば、甘えとは「乳幼児の母親に対する〔依存〕感情」のことですが（『母子』166～167頁）、日本人はこの甘えが人間社会全般においても通じると思い込んでいるふしがあります。国際社会、外交関係では、まったく通用しないことですが。

わが国の「昭和史」とくにその戦争史の専門家保坂正康さんは、その著『「特攻」と日本人』（講談社、二〇〇五年。以下、本章の引用頁数は、他の注記以外、同書より）で、戦争指導者たちについて、次のように述べておられます。

「あの太平洋戦争〔の〕……指導者たちは責任のがれの言辞を弄するだけで戦争終結をすべて相手（連合国）任せにして日々を過ごしている。……どうしてこういう無責任な戦争を行ったのか」（傍点は私）（226頁）。

これを受けて私が想起したのは、大西中将が新聞記者に、特攻で日本はアメリカに勝てるのか、と問われ、次のように答えた言葉です。彼の自決は顕彰に値したかもしれませんが、これは頂けません。

「勝てないまでも負けないということだ。……〔日本が戦い続けて、これを〕攻めあぐねればアメリカもここらで和平しようと考える。これに持ち込めば……勝ちとは言えないまでも負けにはならない」（傍点は私）（214頁）。

大西は「日本人の五分の一〔当時で約一四〇〇万人〕が戦死すれば敵側が講和をもちだすはず」（傍点は私）（同上）と考えていたようです。ここで呆れてしまうのは――この人命軽視はもちろんのと――以上はすべて手前勝手なタラレバの想定であり、アメリカ任せの希望的推測にすぎない、ということです。これは、軍上層部としてこの戦いを止めるわけにはいかないというメンツに拘り、自らの責任において戦争をいかに終結させるかという方途についてはまったく考えず、すべて成り行き任せ、と言うより、相手の手加減を前提とした身勝手な憶測であり、まさに無責任な態度と言うよりほかはありません。これは他の戦争指導者らにも共通していた心性（メンタリティ）ではなかったかと思われます。

「精神力で撃ち落とすんだ！」

こうした点に、日本人の「甘さ」が露呈しております。開戦から二年目、東条が首相として陸軍の飛行学校生を訪問し、「君は敵機を何で撃ち落とすか」と問い、飛行生が「高射砲で」と答えたところ、「そうじゃない、精神力で撃ち落とすんだ」と言った話は有名ですが、[2]最高指導者のこうした極端な「精神論」も、結局のところ——敵国の圧倒的戦力と自国とのその差についてはすでに熟知していたわけですから——自己欺瞞的で無責任きわまりない態度であったと断じざるをえません。

こうした状況を振り返りますと、マ元帥の日本人12歳少年論は、日本人がそれに反発を感じる分、実は図星の洞察ではなかったか、というのが、私の率直な感想です。そして、これは、日本の近代文明受容はまだ時を要するなどという問題ではなく、本書が論じてきました日本人の文化的心性、もっと言えば宗教的霊性に関わる事柄です。すなわち、この評は、日本民族古来の「母子の情愛」という究極価値を淵源とするこの国の文化の「弱点」を、マ元帥が巧まずして表現したものだと、私は考えております。

日本社会における「永遠の少年」的父性

マ元帥が日本人を「少年」と表現したのは、彼が直接接した日本人男性たちのイメージが強かったからかもしれませんが、それにつながる背景として次のような歴史的経過があります。すなわち、朝廷が「大化の改新」により中国風の家父長制を輸入し、日本社会にも父権制を敷き、その半世紀後、持統天皇がその子孫への尽きない母性的情愛をこの父権制に乗じる形で「父子相承」による皇位継承という制度に定着させた、というのがその経過です（『母子』139頁、本書、53頁）。

しかし、これは外来の制度であり、「元来心許ない」（『母子』139頁）日本人男性の父性は「厳しい世界に敢然と立ち向かっていく気概」（同上141頁）をもつ真の父権制の確立までには至りえませんでした。日本社会は、河合さんがいみじくも特徴づけられたように、今も依然として「母性原理を基盤にもつ『永遠の少年（プエル・エテルヌス）』型」の社会と言わざるをえないのです（このことについては、前篇 第7章を参照してください）。

「フィリピンは歴とした父権社会で、それは日本も同じだろう」　余談ですが、十数年前にハワイ大学マノア校の日本研究センターに客員研究員として半年余り在籍したことがありました。その折、ヴェテランのフィリピン人男性教授の研究室を訪ね、私の日本人論を披露し、さらに河合さんの「母性社会フィリピン」論を伝えました。すると、彼は烈火のごとく怒り、反論してきました。要は、フィリピンは歴とした父権社会だ、それは日本も同じだろう、ということでした。私はそこで彼の研究室を早々に退散したわけですが、河合さんの議論は十分なフィールドワークに基づく説得力ある研究と確信しておりましたので、この先生もやはり自国文化について勘違いをしておられるなあと感じたことでした。[3]

それにしましても、こうした議論は一部の男性たちの癇癪を引き起こしかねないものですから、私の日本人論にも感情的な反論は出てくるだろうと自ら言い聞かせております。

日本人自身が戦争責任を追及できないでいるのはなぜか？

さて、本章のテーマは、前章末尾で触れました「戦争責任」の問題、とくに戦争責任追及の必然性が取り沙汰されているにもかかわらずそれができずにいる、その「なぜか？」の議論であり、以上は前段としてそれに至りえない、私が感じます日本人の民族的未熟性について述べたつもりですが、以下、さらに踏み込んで論じたいと思います。これもまた戦争指導者らすなわち「軍事的輔弼」らをとおして炙り出される日本人全体の「無責任性」の問題であり、それを批判的に振り返ることで、「日本教の弱点」克服の方向が読者に示されれば幸いと考えます。

さて、前章で故石原慎太郎さんの、「東京裁判」とは別に、日本人自身がこの戦争を審判するという課題が残されている、という主張に触れました。日本人は「極東軍事法廷」の「非正当性（の糾弾」にかまけて」、「最も大切な問題」すなわち「多くの犠牲をもたらした戦争遂行の責任」の問題を「棚上げ」しているが、「責任者の罪を……誰が裁くべきなのか。それは国民自身に他なるまい」[4]と、石原さんは発言しておられました。

私もこうした意見に触れ、日本人にはまだ見込みがあると感じた者なのですが、しかし事の実行の可能性を考えると、暗い思いに満たされざるをえません。と言いますのは、石原さんがそう主張するからと言って、これについて今さら打つ手などあるはずもない、日本はサンフランシスコ講和条約の手続きに従いすでに戦犯を赦免した（「戦犯の赦免に関する決議」一九五三〔S28〕年八月衆議院可決）ではないか、という意見が一方にあるからです。これに従えば、靖国神社によるA級戦犯合祀も何ら問題ではないということになります。

たしかに日本人自身による太平洋戦争裁判の再現は現実的にはありえそうにありませんが、しかし問題を自覚する個々の日本人が事柄を振り返って反省し、今後同種の事態が生じたときに同種の無責任な済し崩しの態度を繰り返さないように、心備えをすることはできるはずです。以下の議論はそうした努力の一つと理解していただければ幸いです。

なお、この議論は必然的に靖国神社による戦死者追悼に関わりますので、まずここで、私自身は、国家に殉じた兵士たちへの国家による弔いはあって然るべきであり、国家的戦死者追悼を営むことは日本国民の健全なる在り方と考える者だということを、申し上げておきたいと思います。実際、同じことは世界各国で行なわれております。ただ、わが国での問題は、このあって然るべき国家による戦死者追悼と、「靖国神社」によるそれとの間にはおおきなズレがある、ということです。以下はその点をめぐる議論です。

まずは、靖国神社に関する基本的認識を読者の方々と共有しておきたいと思います。

靖国神社と「神道指令」　靖国神社は一八六九（M2）年に勅命により「東京招魂社」として創建されました。その目的は一八五三年のペリー来航から六八年の「戊辰戦争」までに起こった諸内乱の戦死者をこの神社に「合祀」するためでした（通常、一社は一柱を祀りますが、多柱を祀る場合が「合祀」です）。同社は七一年に別格官幣社すなわち国家護持神社とされ、七九年に「靖国神社」と改称、その後も日清戦争（一八九四年〜）、日露戦争（一九〇四年〜）など対外戦争の戦死者も祀ってきました。

しかし、一九四五年一二月、すなわち敗戦後ただちに、GHQは靖国神社をはじめとする神社への国家護持の廃止を謳う「神道指令」（Shinto Directives）を出し、靖国神社は翌四六年二月には一宗教法人となりました。同年一一月に公布された「日本国憲法」に謳われた「信教の自由」の原則がこの「神道指令」の根底にあります。

「信教の自由」とは、簡潔に申し上げれば、全個人の「宗教的自由（レリジャス・フリーダム）」の法的保障ということであり、それにいわゆる「国家宗教（ステート・チャーチ）」の否定と「政教分離（セパレーション・オヴ・チャーチ・アンド・ステート）」という法原則が伴います。ちなみに、私は「信教の自由」とそれが戦い取られてきた貴い人類史に最大限の敬意を払う者ですが、その歴史を論じるには優に別の一書を要しますので、ここでは省きます。ただ、これはそれほど重要な主題であると申し上げておきたいと思います。

さて、まさに以上の時期に、ＧＨＱから靖国神社焼却の是非を問われて、イエズス会ドイツ人神父ブルーノ・ビッターさんが「自然法」の立場から国家による戦死者追悼の権利義務を認め、破棄されるべきは「国家神道」であり靖国神社ではないと答えた、という話が伝えられています。[5] また、後年、作家故江藤淳さんがやはり「自然法」を引き合いに、靖国神社や各県の護国神社による戦死者追悼を肯定する議論を展開されました。[6] しかし、私は江藤さんの「自然法」の理解は真に的を射たものであったかという疑念を抱いておりますので、まずその点を明らかにしてみたいと思います。

「自然法」は国家による戦死者追悼の十全な思想的根拠か？

私の見解は、自然法に基づき国家の戦死者追悼を肯定すると言っても、事はそう簡単ではない、ということです。なぜなら、「自然法」の本質を象徴する事例として必ず参照されるギリシア悲劇『アンティゴネー』自体が、まさに国家による戦死者の葬送を問題視している作品だからです。江藤さんもこの作品に特別の思い入れがあったようですが、その物語を以下に要約いたします。

テーバイの王オイディプス亡き後、その子たち、兄ポリュネイケースと弟エテオクレースは、王〔弟〕と反逆者〔兄〕として戦い、刺し違えて死にます。ここで宰相から王となった叔父クレオーンは、元王の弟は国葬とし、反逆者たる兄の葬送は禁止しました。これを自然（フュシス）の法に反するとして、妹アンティゴネーは肉親たる自らによる兄ポリュネイケースの埋葬を主張、王クレオーンはこれを国法（ノモス）違反として、彼女を地下に幽閉し餓死させようとします。王は周囲の進言で翻意し彼女の解放と兄の埋葬を許可しますが、時すでに遅し、彼女は自殺し、その許婚者ハイモーンも後を追い自殺、その母もこの息子の死に絶望し自殺してしまいます。こうして、王は息子ハイモーンと妻の双方を失い、悲嘆に暮れます。[7]

国家への反逆者の葬送を禁じるクレオーンの「国法」に対し、アンティゴネーが兄ポリュネイケースの埋葬を主張する根拠としたのが、「人間にはその起源すら確かめられない」「神々の永遠の法」すなわち「自然法」でした。江藤さんは、これを、「『義戦』か否かに拘わらず、戦死者は〔肉親により〕手厚く葬られねばならず、いかなる国法といえどもこれを妨げることはできない」とする法として正しく理解されたにもかかわらず、最終的には微妙に論点をずらし、「自国の戦死者を、威儀を正し最高の儀礼をもって追悼することを禁じられた国民〔肉親ではなく！〕が、この地上のどこにあっただろうか」（傍点は私）と述べ、一九九七年四月の最高裁による「愛媛県玉串訴訟」の違憲判決への反論のためにこの古典を援用されました。すなわち、アメリカが与えた「信教の自由」や「政教分離」の原則に従い違憲判決を下した「最高裁大法廷の……十三人の裁判官」たちは「クレオーン王の末流に変貌し」てしまったが、日本国民は「外国人の定めた『昨日今日』の法令」に屈することなく、従来のわが国における戦死者追悼を固持すべきである、というわけです。

しかし、これでは「勝者アメリカ」に対する敗者日本の悔し紛れの非難という国家的対立の構図設定の域を出ず、死者の葬送をめぐる自然法の本来の要点を外しています。『アンティゴネー』の核心的論点は、そもそも自然法は国葬より肉親葬をより自然な葬儀として指示している、ということです（この点で、「自然法」は「信教の自由」の成立にも大きく寄与してきたと言うことができます）。従って、戦死者を国葬とするのであれば、それは肉親が容認しうる範囲で行うべき、ということになります。現代の状況では、戦死者および遺族の「信教の自由」という法原則を遵守する意味で、国家による戦死者追悼は超宗派的な営為でなければならない、ということになるでしょう。江藤さん自身がいみじくも「アンティゴネーのいう『神々の法』……とは、過去現在、宗教宗派、勝者敗者……の違いを超えた、人間の死者を悼む心情にほかならない」（傍点は私）と洞察されたとおりです。

「私人としての参拝」と「公式参拝」

さて、「信教の自由」や「政教分離」の法原則を踏まえると、そこからまたいわゆる「公人」による靖国参拝の作法も示唆されてくるわけですが、その作法自体は単純明快で、公僕としてその肩書を記帳せず、個人の意思により参拝すればよいだけの話です。

一九七五年八月一五日に自宅からタクシーで靖国に向かい、「三木武夫」とのみ記帳し、参拝した三木首相はその手本でした。福田赳夫、大平正芳両首相もこの「私人としての参拝」を続けました（大平さんは自他ともに認めるキリスト教徒でしたが）。それでも日本の政治家としての「目的効果」は十分であったと考えます。しかし、八五年同日に、公用車で靖国に乗りつけ、「内閣総理大臣 中曽根康弘」と記帳し、公費で三万円の玉串料を納めた中曽根首相の「公式参拝」は、政策的にも失敗でした。三万円の公費支出には違憲判決が出されたほかに、それまでになかった中国その他の反発を惹起し、その後は参拝を止めました。

全国戦没者追悼式こそ日本人に適切な国家的戦死者追悼行事

さて、以上述べてきましたことを踏まえ、私は、特定宗教に関わらない仕方で毎年八月一五日に営まれている「全国戦没者追悼式」こそ日本人に適切な国家的行事であり、また、「千鳥ヶ淵戦没者墓苑」は、無名戦士の墓という括りはありますが、そこでは諸宗教による式典が自由に営まれてきたという意味で、これも適切な国家的戦死者追悼の場である、と考えております。こうした憲法の法原則を踏まえた国家的戦死者追悼こそが日本国民にふさわしい営みなのです。

秘かになされたA級戦犯の合祀

以上、靖国神社の戦死者追悼にまつわる幾つかの問題について述べてまいりましたが、靖国をめぐる問題で決定的であったのは、やはりあの一九七八（S53）年一〇月一七日の松平永芳宮司による秘密裡の「A級戦犯合祀」だと、私自身は感じております。これこそ靖国神社が抱える最深の宗教的かつ政治的な問題性を抉り出す出来事であったと考えるからです。

石原さんが靖国を参拝する一方で、「A級戦犯には祈らない」と言われたことは前章で紹介しましたが（本書、189頁）、私は彼の次の言葉がこの問題の核心を衝くものだと考えております。

「靖国が日本の……ために……戦って亡くなった功ある犠牲者を祭り鎮魂するための場であるなら、彼等を無下に死に追いやった科を受けるべき人間が鎮魂の対象とされるのは面妖な話である」。[8]

つまり、A級戦犯合祀で起こったことは、英霊を死に追いやった科ある人間が、英霊と同列に祀り上げられ、拝礼の対象とされてしまう、ということでした。そして、これが必然的にもたらす効果は、彼らの「科」はいつの間にか曖昧化され、結局は隠蔽されてしまうということです。これはやはり面妖、奇怪なことと言わざるをえません。

Ａ級戦犯も「冤枉罹禍」の者たちか？

Ａ級戦犯合祀の弁明のために「冤枉罹禍」すなわち無実の罪による殉難の論理が用いられることがあります。[9] この言葉は、一八六九年に「東京招魂社」にそれまでの内乱の戦死者たちをいわゆる官軍、賊軍の差別なく合祀するために、「太政官符布告」が用いた表現です。幕府の正統政権下での「義士」も、朝廷が正統政権となって以来の「朝敵」も、天皇には「おおみたから」であるゆえ、双方とも「合祀されたき旨」が布告されたのでした。その最も明白な例が、函館五稜郭で官軍に抵抗したが助命特赦され、その後は明治政府で活躍し、ついには靖国に合祀された榎本武揚でしょう。

一九五一年のサンフランシスコ講和条約に戦犯赦免の規定があったこともあり、翌五二年の「戦傷病者戦没者遺族等援護法」の改正で、「国内法では罪人とは見做さ」れなくなったＣ級、Ｂ級の戦犯たちにも年金・恩給の支給が始まりました。ならば、Ａ級戦犯も「幕末維新期の殉難者たちと同様『冤枉罹禍』の事例と考えればよい」[10]という見方が生じ、彼らの靖国合祀を後押ししたわけです。しかし、明治期の「冤枉罹禍」の論理は、昭和の太平洋戦争に関わるＡ級戦犯にまで適用しうるものでしょうか。ここでも、英霊を無辜の死へと向かわせた彼らの戦争責任を問う視点は欠落したままです。

遺族の同意もなかったA級戦犯合祀

もちろん、戦後は靖国神社も一宗教法人となったわけであり、A級戦犯遺族の依頼ないし同意の上で合祀したのであれば――道義的には依然として批判がありえたとしても――法的な不都合は何らなかったわけですが、当時の権宮司さんの「いちいち遺族の承諾を求めるものではないと判断し、案内も出さなかった」[11]との証言により、そうした同意もなかったということがわかります。まともな宗教家ならば呆れてしまう行動ですが、それだけこの合祀は、「東京裁判を否定しない限り、日本精神の復興はできない」という個人的信条を掲げた、元海軍少佐松平宮司その人の判断によるものであったのだと想像できます。彼は宮司就任後わずか三カ月でこの合祀を敢行しました。「〈合祀〉翌日の当日祭の挨拶で」も「東条以下の名前をあげず、『白菊会〈ABC級戦犯遺族会〉に関係おありになる14柱の御霊もその中に含まれております』と述べただけ」でした。[12]

なぜ、このように、いわばこそこそとしかも素早く事を進めたのでしょうか。一つには、「合祀の事実が広く知れわたり、それが問題になることを恐れた」からとも言われます。

「あれ以来、参拝していない。それが私の心だ」

たしかにこの内密行動は「功を奏し」、その後半年間はメディアにも知られず、「それほど大きな話題に」もならなかったのですが、しかしこれは昭和天皇にとっては由々しい出来事でありました。そして、この事件をめぐる天皇の言葉

（一九八八（S63）年四月二八日付。逝去は翌八九年一月七日）が、故富田朝彦元宮内庁長官のメモを通じ、二〇〇六年に、次のように報道されました。

「私は、或る時に、A級が合祀され、その上、松岡〔洋右〕〔元外務大臣〕、白鳥〔敏夫〕〔元駐伊大使〕までもが。筑波〔藤麿〕〔靖国神社宮司〕は慎重に対処してくれたと聞いたが、松平〔慶民〕〔宮司〕の子の今の〔松平永芳〕宮司がどう考えたのか、易々と。松平は平和に強い考があったと思うのに、親の心子知らずと思っている。だから私、あれ以来参拝していない。それが私の心だ」[13]（傍点および句読点等は私の付加）。

これがこの出来事に対する天皇の意思を最もよく伝えるきわめて直截的な言葉です。前章でもマ元帥との第一回会見で戦争を止めようとして止められなかったと伝える天皇の言葉を紹介しましたが、A級戦犯らはそこからしましても天皇には「おおみたから」ではありえない、受け入れがたい存在であったわけです。天皇はマ元帥との最後の会見（第11回、一九五一〔S26〕年四月一五日）でも、「戦争裁判に対して貴司令官が執られた態度に付、此機会に謝意を表したいと思います」と述べ、[14]東京裁判によるA級戦犯の処置を肯定しております。上記の一九八八年の言葉もその思いの延長として理解することができます。

いずれにしましても、敗戦後も一九四五（S20）年一〇月の大招魂祭から七五（S50）年一一月まで、例大祭の折などに、計八回にわたってなされていた、昭和天皇による靖国参拝は、この七八年のA級戦犯合祀以降、ピタリと止み、その後、この不参拝は、平成天皇、令和天皇にも引き継がれ、天皇による靖国参拝はいまだまったくなされておりません。

想像しますに、A級戦犯合祀に対する昭和天皇の思いにも、先に引用しました石原さんの思いと変わらぬ部分があったかと思われます。すなわち、繰り返しますが、英霊たちを無下に死に追いやった、科を受けるべき当のA級戦犯らが、英霊たちと同列に祀られ、拝礼の対象とされるのは、奇怪であり、納得しがたい、という思いです。

「北野天神縁起絵巻」

ところで、この「奇怪さ」は、松平宮司による靖国A級戦犯合祀で初めて起こったことだったのでしょうか。否、これよりはるか以前に同種の営みが、京都の「北野天満宮」(「北野神社」とも)のまさに創建において行われておりました。そこで、以下、その出来事の経過を辿りますが、その中心を占める鍵語が「祟(たた)り」です。事の次第を詳細に伝えてくれるのは、北野神社秘蔵の『北野天神縁起絵巻』(一二一九年)です。

「天神さま」と通称される、北野神社の祭神菅原道真公(以後、「菅公」と略記)を勧請した神社は、現在、わが国におよそ一万を数えると言われます。そして、北野神社こそ実は「祟り」の回避を根本動機として創建された神社でした。日本人の現代の日常会話の中に、「お上」や「天下り」

と同様、頻繁に登場する語が「祟り」です。そして、その背景に、わが国固有の「怨霊信仰」があります。非業の死を遂げた者の怨霊がその死を引き起こした者に憑依し罰を下すというのが「祟り」であり、その庶民的呼称が「罰当たり」です。

さて、この「祟り」を免れるため、非業の死へと追いやった者らは、その死者たちを懇ろに弔えば、この祟りを免れうるであろう、と自らに都合よく想定したようです。そこで、九世紀には御所神泉苑で藤原基経（後述する時平の父）が主導して「六所御霊会」を営なみ、一〇世紀には藤原師輔が「北野神社」への介入庇護を実行しました。日本における「怨霊信仰」を詳論しますと長くなりますので、その成立の経過と構造をよく伝えてくれる北野神社創建の経緯に集中し、簡潔に述べます。[15] これは日本人に特異な宗教的営みです。

藤原家による北野神社の「抱き込み」　左大臣藤原時平の醍醐天皇への讒言による右大臣菅原道真（以下、「菅公」と略記）の大宰府への左遷（九〇一年）と直後の死、その後京で続いた菅公の祟りとされる天変地異の惨状と藤原家を襲った災厄は、当時の人々のみならず現代のわれわれをも「祟り」信仰へと誘いかねないほどに、凄まじいものでした。

そこで、事態が一旦沈静化した九五九年、右大臣藤原師輔はすでに多治比のあやこらが建立していた北野神社にあらためて新築自邸を「社殿」として奉げ、そこに菅公による藤原家の守護を祈念する「祭文」を納めました。現代語で翻案要約しますと、こうです。

「天皇家と藤原家が血統を絶やさず繁栄しているのは、天満天神（菅公）の御恵と、師輔の天神信仰のお蔭であり、師輔の父忠平は兄時平の菅公への謀計に加担せず、菅公とはつねに消息を交わし心を一つにしていたため、天神はこの摂政家門に天下を任せる契を結ばれたのである」[16]。

これは実に身勝手な解釈で、この機に乗じ時平家門に代わる忠平家門の台頭もついでに正当化するという、巧妙な「祟り」回避の方策であり、藤原家による北野神社の体のいい「抱き込み」[17]とも、「恥知らずの政策」[18]とも評されております。非業の死者の怨霊を、その死へと追いやった者が、その後ろめたさの分、より懇ろに弔い、その祟りを回避しよう、さらには僭越にも自らの守護神へと祀り上げようとする一種の宗教的観念が、きわめて具体的な形で、実践に移されていったわけです。この営みを、その後日本人は聞こえよく「慰霊」、「鎮魂」と言い表わしつつ、久しく守り続けてきました。

「怨霊信仰」を淵源とする「慰霊」「鎮魂」の伝統　神道の礼拝の対象は元来、見えない神であり、またその神がそこに寄りつく岩や大木といった自然物の「依代（よりしろ）」であったわけですが、以上の北野神社における菅公祭神化以来、神道には歴史的人物を祀り拝む宗教としての要素が加わったわけです。祀られる対象の条件は、菅公が原モデルですから、例えば学問におけるような超人的能力と怨霊の性格とを兼ね備えた人物ということになります。ただ、前者の要素は希薄でも、後者が強大であれば、往々にして祭祀の対象となってきました。これにも夥しい実例がありますが、ここでその詳述は控えます。

なお、この「慰霊」「鎮魂」祭祀は、仏教や儒教の装いを取りつつも、本質的にはやはりわが国固有の宗教的営みです。上述の「六所御霊会」は真言宗すなわち仏教により営まれましたが、その後、この祭祀は葬儀の際の儒教的な「魂呼び」すなわち「招魂」の形で行われてきました。この場合、「魄」である遺体や遺骨が依代ということになります。そして、この祭祀が明治期に戊辰戦争等の戦死者を「東京招魂社」に合祀する国家的営みとして開始され、その後は対外戦争による夥しい戦死者が「靖国神社」に合祀されてきたわけです。

元陸海軍指揮官らが率先して造立した平和観音堂

ところで、ここで、戦後間もなく日本各地に多く造立されました戦死者のための慰霊塔や慰霊碑のことに触れたいと思います。これも個々の例を挙げますと切りがありませんので、私が大西中将の遺書を初めて見た「知覧特攻平和会館」に隣接する「平和観音堂」を代表例として取り上げたいと思います。

特攻機出撃の中心基地があった鹿児島県知覧町のこの会館見学を終え、何気なく隣接するこの観音堂に立ち寄ったのですが、そこでその建立の経緯を知り、大きな違和感を覚えたのを思い出します。その観音堂は特攻を指揮した菅原道大元陸軍中将や及川古志郎元海軍大将・海軍大臣他、多数の陸海軍の元高官らが造立したものであったからです。[19] 観音像の懐には菅原中将直筆の一〇三六人の特攻戦死者名簿が収められているとのことでした。

実は「知覧特攻平和会館」はこれらの人々が一九五二（S21）年に組織した「特攻平和観音奉賛会」に由来する施設でした。すなわち、この奉賛会が世田谷山観音寺に奉安した四観音像のうち一体が五五年に建立された「知覧特攻平和観音堂」に収められ、これに隣接して七六（S51）年に「知覧特攻遺品館」が設立され、それが八五（S60）年に現在の「平和会館」として改設されたわけです。そして、かの「奉賛会」は九三（H5）年に「特攻戦没者慰霊平和祈念協会」に改組され、その名誉会長に瀬島隆三元大本営参謀が就任しました。

本章冒頭で触れました保坂さんは、この瀬島氏による「協会」の挨拶文について次のような批判の言葉を記しておられます。すなわち、そこには、

戦死した特攻隊員が「〔これら軍指揮官が責任を負うべき〕人為的政策の犠牲者だという視点がみごとなまでに欠落している」（21頁）と。

それもそのはず、この観音像造立のそもそもの動機は、そうした責任の表明ということにはなく、

いわゆる「祟り」の回避という点にこそあったからである、と私は考えております。このことは、上述しました北野神社の創建の経緯を踏まえれば、読者の皆さんにもある程度はうなずいていただけるのではないかと思うのですが、いかがでしょうか。

北野神社と平和観音堂との類似　つまり、「北野神社」の創建とこの「平和観音堂」の建立との間には明らかな類比が成り立つ、ということです。そこに祀られた者は非業の死を遂げた者、すなわち、前者で言えば藤原家の讒言で大宰府へと左遷された菅公であり、後者で言えば特攻による戦死者たちでした。また、祀った者はその非業の死へと追いやった者、すなわち、前者では藤原家門の者らであり、後者では陸海軍の元高官らであった、ということです。そして、この祭祀の目的は祟りの回避ということで、共通しております。

以上の点で、「北野神社」の菅公祭神化と「平和観音堂」の戦死者追悼とは、時代的には遠く隔たっていても、その宗教的深層・真相においては本質的につながっていると言うことができます。すなわち、わが国でこの「祟り」回避の祭祀は脈々と続いてきたということです。

靖国A級戦犯合祀と北野神社創建はその根本動機において共通する！　それでは、靖国への「A級戦犯合祀」はこの関連でいかなる意味をもつのか、という問いも出てくるでしょう。万一、A級戦犯らが赦免され生き延びていたならば、こうした問い自体が問われてはいなかったでしょう。

彼らもまた菅原元中将や及川元大将らと同様に英霊の慰霊塔なりを造立したであろうと、容易に想像できるからです。わが国の宗教文化の中でそれをしないで済ませるという「解」はありえません。しかし、実際には彼らは処刑されました。そこで彼らと一心同体を自認する元海軍少佐が靖国神社宮司となって編み出した「解」が、彼らを英霊と共に一挙に合祀してしまう、という離れ業でありました。

これを藤原家によるあの北野神社抱き込みの構図において表現するとすれば、菅公を祭神化した藤原家門の者ら自体をさらに祭神化した、ということになります。松平宮司の立場ではこれで問題は一挙に解決するのかもしれませんが、客観的にはこれはかの「構図」をさらに込み入らせ、なおまた科を受けるべき人間をしてまさにその科から放免するという、「面妖」、「奇怪」な状況を新たに創り出す結果となっているわけです。表面的経緯は相違しているとしても、無辜の他者を非業の死へと追いやった者の科を雲散霧消させようとする根本的動機の点で、北野神社創建と靖国A級戦犯合祀とは明白に共通しております。

現在の日本人がなすべき最低限の務め　と、まあ、ここまで私自身の理解をよどみなく述べてきましたが、「ちょっと待て、そこまで言い切れるのか」と、いささかの戸惑いを覚えておられる読者もおられるかと想像します。実際、以上の私の見解に触れ、「戦死者追悼なのだから、もっと素直に、目くじら立てずに、受け止めてもよいのではないか」と言われた方もありました。つまり、生き残った軍高官らによる平和塔建立も、戦死者の慰霊なのだから、大目に見てやればいいではないか、というご意見です。

たしかにわが国でそうした感想をもたれる方々は少なくないかと思われますが、しかしそれはひとえに日本人全体がこの問題の意味を真剣に問い、分析し、理解しようと努めてこなかったからではないか、という思いも消えません。この辺りの反省こそ――もはや戦争責任の公的追及もなされそうにはない現在だからこそ――日本人として自覚的に行なうべき作業なのではないでしょうか。事柄を曖昧に放置するという得意技に憩うのではなく、とくに宗教事情に解剖のメスを入れながら、問題の構造をしっかりと把握しておくということが、今後同種の問題が生じたときに同種の無責任な済し崩しの態度を繰り返さないことにつながっていく、現在の日本人がなすべき最低限の務めではないでしょうか。

「平和観音堂」を造立した陸海軍の元高官らがわが国の宗教事情にどれほど精通していたのかは定かではありませんが、彼らの心の奥に何らかの「怨霊信仰」の意識があり、「祟り」回避の願望が存在して、これを行なったことは確かでしょう。なぜなら、この観音堂建立も、例えば松井石根（いわね）元陸軍大将（A級戦犯の一人）による「興亜観音像」建立（日中戦争後、一九四〇年）のように、自身の発想と私費によるものであったからです。結果的に「公」を巻き込んで関連施設を併設させたというようなことはあったかもしれませんが、この建立はもともと彼ら自身の「私」的な企図であったということが覚えられねばなりません。

そして、その根底には、非業の死者を生み出した自らの科をぼかし、ついにはその責任を隠蔽しようとする意図が隠されているわけです。「慰霊」祭祀という宗教的体裁がこの隠蔽を手助けします。彼らがこの祭祀を厚かましくも熱く主導すればするほど、それは成功します。「慰霊」を表立って非難する者はいないからです。こうして、これら「軍事的輔弼」らは巧妙に自己正当化を計ることができたわけです。欺瞞的な方策と言わざるをえません。

日本教の「弱点」――「母子の情愛」の「情緒」への没入

しかも、他方に、こうした軍事的「臣」らの専横を黙諾してしまう「民」の一見鷹揚な態度、それを容認するかのような雰囲気があり、それが戦争責任を問うといった重大な倫理的問題を済し崩しにするより大きな要因となってきた、というのが私の判断です。

本書の第五章から第七章まで、三つの大衆文学作品で見届けましたのは、日本教の究極価値「母子の情愛」に基づく社会倫理においては、「母の犠牲愛による子の難局の処理」（京極純一）という日本人に独自の「責任性」の理想型がたしかに保持されているにもかかわらず（落語『百年目』）、それがいつの間にか子の犠牲の上に親が胡坐をかくという「無責任性」の現実へと頽落しているという事態(歌舞伎『三人吉三』、戯曲『父帰る』)でした。そして、その最大の要因は「母子の情愛」が豊かすぎるほどに内包する情緒的部分であると指摘いたしました。

それは本来肉親間のみに秘められ、他人の面前すなわち社会にもち出され、もてはやされたりすべき事柄ではない、との森さんの指摘に触れましたが(本書、170〜171頁)、菊池さんの『父帰る』は、親子関係を逆転させてまでも、その情緒を高揚する文学作品でした。

こうした、この情緒へのいわば自己陶酔がもたらす上述のような「逆転」の許容が日本人の倫理的節度を狂わせています。「倫理」の語源は「慣習」でした(本書、103頁)。慣習は大多数にとっての共通善であるゆえ一定の倫理的「型」となるわけですが、日本人の場合、この型がその大本の「母子の情愛」に横溢する「情緒」への「感動」(土居健郎)や「憧憬」(森有正)によってかえって損なわれるのだ、と私自身は判断しております。そして、それが本章で見ました「戦争責任」といったまさに重大な案件においてけっして等閑視できない社会的不健全性を招いているわけです。これが私が考える日本教の「弱点」です。

以上、太平洋戦争の指導者らの無責任性が積み残した、「東京裁判」とは別に日本人自身がこの戦争の「責任者の罪」を裁くという、石原慎太郎さんが指摘された課題が、実際には遂行されず、むしろそれを体よくはぐらかそうとする動きがあったということについて、述べてきました。そして、これは見てきましたように「慰霊」祭祀という宗教行為に関わる事柄であり、私の見るところ、それは本書の「はじめに」で言及しましたあの『神道信条』にも深く関係しておりますので、「おわりに」においてあらためてそれについて述べてみたいと思います。この問題は、『信条』の、とくに第二、第三、第四条に関わっております。

1 ジョン・ダワー『敗北を抱きしめて』下巻（岩波書店、二〇〇一年）、407頁。上院委員会での件のマ元帥の発言については、同書、406頁を参照してください。
2 保坂正康『あの戦争は何だったのか』（新潮社、二〇〇五年）、214頁。
3 河合さんの研究とは、河合隼雄『中空構造日本の深層』（中央公論社、一九九九年）所収の論文「フィリピン人の母性原理」です。ご参照ください。
4 石原慎太郎「歴史に関する、ことのメリハリ」、コラム「日本よ」、『産経新聞』二〇〇五年九月五日。
5 これに関しては、〈靖国神社〉社報『靖国』（一九五六年七月号）を参照してください。ちなみに、ビッター神父の見解は資料的にはまったく確認されておりません。
6 江藤淳「アンティゴネーの決意」、コラム「月に一度」、『産経新聞』一九九七年五月五日。次の段落における引用は、他の注記を除き、すべてこのコラムからです。

7　この要約のために、ソポクレース／呉茂一訳『アンティゴネー』（岩波書店、二〇一四年）を参照しました。

8　石原、前掲記事。

9　以下の記述については、小堀桂一郎『靖国神社と日本人』（講談社、一九九八年）を参照しております。

10　小堀、同上書、148頁。

11　『朝日新聞』一九七九（S54）年四月一九日。島田裕巳『靖国神社』（幻冬舎、二〇一四年）、147頁より再引用。

12　島田、同上書、145〜147頁。次の数段落の引用も同上箇所より。松平永芳宮司の東京裁判史観については、小堀、前掲書、157頁や、豊下楢彦『昭和天皇・マッカーサー会見』（岩波書店、二〇〇八年）、227頁も、合わせて参照してください。

13　『日本経済新聞』二〇〇六年七月二〇日。

14　豊下、前掲書、221頁。

15　以下の記述は、梅原猛『古代幻視』（文藝春秋社、一九九七年）、義江彰夫『神仏習合』（岩波書店、一九九六年）、平田耿二『消された政治家 菅原道真』（文藝春秋社、二〇〇〇年）を参照しつつ、私なりに構成したものです。必要と判断した引用箇所については、あらためて注を施しました。

16　この祭文は『北野天神縁起絵巻』建久本（一一九四年）にあり、梅原さんが『古代幻視』（212〜213頁）において原文を引用しておられます。この現代文は拙訳です。なお、北野神社創建の謂れは、梅原さんによれば、「平将門の乱」に遡ります。京で藤原忠平にも仕えた将門（桓武天皇曾孫）は、九三九年、関八州を制圧し、「八幡大菩薩」使者を名乗る巫女の「菅原朝臣の霊魂」による皇位授与の託宣を受け、自ら「新〔天〕皇」と称しますが、まもなく従弟らにより殺され、妄執を残します（『将門記』九四〇年）。その後、九四六年、同じ菅公の霊が京の多治比のあやこらに自らを祀る神社を建てよとの託宣を下し、北野神社が創建されたのでした（『北野天神縁起絵巻』）。梅原さんによれば、「藤原氏の独裁体制」へのこの「東と西の……強力な怨霊」による「挟み撃ち」は、東大寺建設への支援をきっかけとして「天皇家の守護神」となっていた宇佐「八幡神」による企てであり、これに対し師輔が取った藤原氏の挽回策が北野神社への介入加護であったのです。以上に関しては、『幻視』248～251頁を参照してください。

17 義江、前掲書、115頁。

18 梅原、前掲書、251頁。

19 これに関する以下の記述については、角田燎「戦後派世代による『特攻』の慰霊顕彰事業――歴史認識の脱文脈化と『精神』の称揚」、『立命館大学人文科学研究紀要』127号（二〇二一年三月）等を参照しました。

おわりに

〈上田賢治、山折哲雄、エルンスト・トレルチ〉

「怨霊」による「祟り」の観念と『神道信条』　本書の「はじめに」で、「日本教」の核心的価値が「母子の情愛」であることを「証拠立ててくれる」（傍点は私）宗教文書として、『神道信条』(Shinto Beliefs) 五カ条を紹介いたしました。実は、これまで取り上げてきました日本人の「怨霊」と「祟り」の観念の発生と構造も、この『信条』に照らし合わせて考えるとき、よく腑に落ちてくるのではないか、というのが私の理解です。そこで、この「おわりに」においても、これに触れつつ、本書の議論を締め括りたいと思います。

「この世のみ」の信仰　「怨霊」と「祟り」の問題は、この『神道信条』に表わされた日本人の宗教的世界観に深く関わっております。一言で申しますと、それは「この世のみ」の信仰です。第二条が「この世は永遠に続く」と述べ、第四条が「神道は、死後の永遠の価値や報いを求めない」と宣言するところからも、これはいわば徹底した此岸信仰だと言うことができます。要するに、日本人には元来、「あの世」はないのです。そういうわけで、「肝要なのは、今、ここで、存分に生きることである」（第四条）となり、「人間の霊は死後も〔今、ここで〕生き続け」、「子孫により崇拝され……同時に……子孫を……庇護する」（第三条）となるわけです。

なるほど『古事記』や『日本書紀』や『万葉集』では死者の霊は「天国」や「黄泉」や「常世」において「カミ」の霊とともに留まると言われていますが、上田賢治さんによれば、これらの世界も「この世とまったく異なりません」。つまり、「神道とは、その関心を、死後の世界にではなく、この世に集中する宗教である、と言うことができます」。[1]

柳田国男さんは、これを、「日本人の死後の観念、すなわち霊は永久にこの国土のうちに留まって、そう遠方へは行ってしまわないという信仰」と表現されました（前篇、206頁）。加藤周一さんは、これについて、「人々が『今、ここに』生きている」文化、彼らの「関心の中心は『ここ』＝日本にあり……世界＝全体ではなかった」と、日本人の生活と思想の双方における「超越性」の欠如を指摘しつつ、論評されました（前篇、204～205頁）。

なぜ、日本人の世界観は「今、ここに」に集中するのでしょうか。『神道信条』の第一条「神道は信じる。人間はカミの末裔である。したがって、カミと人間は血縁関係（related by blood）にある」（傍点は私）が、その答えを示唆しています。この第一条は、人間の「血縁」の情愛、とりわけ母子のそれを神聖化する、宗教としての「神道」の驚くべき信仰告白なのですが、その具体的な生活の場は同母の血縁集団であり、それが日本人の「ムラ共同体」（加藤周一）のコアを形造っています。ここに、「この世のみ」の信仰も、「今、ここで存分に生きる」という生命主義も、その根を張っているわけです。

ちなみに、人間を霊魂と肉体、「魂魄」の二元論でとらえ、死後に「魄」への「魂」の回帰を願う宗教は総じて基本的に此岸信仰であるわけですが、日本人の場合、それが強力な「血縁信仰」に基づくという点が、他の此岸信仰の宗教からは異なる特徴かと思われます。

この世に「生き続ける」怨霊のリアルな恐怖感

さて、こうした「この世のみ」の情景の中で、人が他者との人間関係において破綻なく生き、逝ってしまうのであれば、仏教的な五十回忌あるいは百回忌をもって「弔い上げ」を完了し、すべて事もなし、ということになるわけですが、仮に破綻があり、しかもそれが非業の死と思われるような結果を招いた場合、その死者の「怨霊」とそれに祟られて然るべき者との問題が、この日本社会ではのっぴきならない仕方で取り沙汰されることになります。そうなるのは、ひとえに、その怨霊が「今、ここに」留まり、「そう遠方へは行ってしまわない」からです。

こうして、この信仰においては、死者が赴くべき「浄土」や「天国」あるいは「地獄」、すなわち「あの世」がなく、怨霊もこの世に身近に「生き続けて」いますから、その恐るべき「祟り」をきわめてリアルに感じざるをえなくなるのです。それゆえに、非業の死に自ら心当たりのある者は、怨霊への慰霊祭祀、荒魂への鎮魂儀礼に走り、願わくばそれを自らの守護神にまで祀り上げるという、実に都合の良い仕組みの成就を切望するわけです。

トマス・モアには怨霊や祟りの話は何一つない！

宗教学者山折哲雄さんは、折口信夫などを引きながら、怨霊や祟りについて論じられました。[2] そして、諸外国におけるこの問題にも関心を抱き、カトリック教会の立場でヘンリー八世の離婚に反対し、この王に無情にも処刑された大法官トマス・モアについて、彼の墓があるイギリスはロンドンのホワイト・チャペルを訪れ、調査されました。しかし、「そのような〔怨霊による祟り〕伝承」は「何も出てこなかった」と仰っておられます。「イギリスでは、トマス・モアの非業の死を契機に彼の霊魂が何者かに祟りをするといったような話は、何一つ出てきませんでした。もしあればぜひともお教えいただきたい」。[3] 私も、たしかにそのとおり、と感じております。

タリオンの原理に基づけば納得できる「祟り」の観念

人間関係の破綻はどんな社会にもあり、

被害者が加害者に正当な賠償を要求するということは、同害復讐法（タリオン）の原理として、万人に認められてきました。ですから、その破綻が政治的な非業の死を招いたような場合、怨霊による加害者への祟りや復讐を想像するということはどんな民族にもあるはずであり、これは万人に共通する「人間本性」次元の事柄と言うことができます。ですから、山折さんがトマス・モアについても「そのような伝承」があったのではないかと疑問をもたれたのは当然のことでした。しかし、イギリスでそうした話は「何一つ出てきませんでした」。

　では、なぜイギリスのようなキリスト教圏では怨霊や祟りの観念が日本のように流布しないのか、そのことについて、以下に、述べてみたいと思います。

「復讐するは我にあり」　キリスト教には、「人を裁くな」〈マタイによる福音書7章1節〉という主イエスの教えがあり、キリスト教徒はこれを真剣に受け止めてきました。人を裁いてならないのは、一つには、「自分の裁く裁きで裁かれ」ないようにするためですが、しかしそのもう一つ奥に、「復讐は私〔神〕のすることだ」〈ローマの信徒への手紙12章19節〉、「裁く方は主である」〈コリントの信徒への手紙一　4章4節〉という、より根本的な教えがあります。ここから、キリスト教会では、他者への裁きや復讐は人間がなすべきことではなく、神にお任せすべきことである、という倫理的雰囲気（エートス）が培われてきました。

もちろん、このことは、神の正義に基づく「裁き」そのものまでが無用とされるということを意味しません。要は、真の正当なる「裁き」は、罪深く不完全な人間どうしではなしえず、ただ神のみがなしうることであるゆえに、神にお委ねする、ということなのです。

そこで、キリスト教徒は、「この世」の生においては、ひたすら「我らに罪をおかす者を我らがゆるすごとく、我らの罪をもゆるしたまえ」（『主の祈り』）と祈りつつ、隣人愛に励むわけです。結果、キリスト教圏では、怨霊や祟りといった観念も、災禍の出来事をその現われとするような解釈も、消えていきました。当然、怨霊への「慰霊」もありません。故人追悼の儀礼にはそうした表現は用いられず、それは「記念礼拝（メモリアル・サーヴィス）」と称されます。

しかし、そうであればこそ、キリスト教徒は、かえって、その信仰告白において、「〔主は〕かしこより来りて、生ける者と死ねる者とを審きたまわん」（『使徒信条』）と言い表わし、終末における、神による「最後の審判」への信仰を放棄しないのだ、と言うことができます。すなわち、彼岸、「あの世」における、人知を超えた神の正義に基づく「裁き」に、自らも怖れ慄きつつ、希望を託すわけです。万人の裁きはなくなるのではなく、人間の不完全な正義の基準を超えた「神の義」によるその裁きにすべてが託されるのです。

近年、キリスト教界で、罪は「forgive するが forget しない」という言い方がよくなされるようになりました。私自身はこの“not forget”は「最後の審判」があることを「忘れない」という意味に解しております。そして、そこにまた、キリスト教がこの世においては「法」による「裁き」を軽んじない所以もある、と理解しております。

以上が、キリスト教圏で怨霊や祟りの観念が希薄となったことへの、私の説明です。

宗教は文化からの挑戦を受けて自己変革を敢行する

私は、宗教とは原理的に自己完結的価値体系であるゆえに、信者はそれをただ一向（ひたすら）に信じ頼るのだ、と考えております。この考えに立てば、相互の教理の融合を目指すような――すなわち習合宗教的な――諸宗教間の対話の試みは不毛であり、そもそも一宗教が他宗教についてとやかく言うこと自体がおこがましいということになります。ただし、この宗教観は一宗教が自覚的に現状を脱し自らを深化進展させようとする試みを阻むものではありません。それは、自宗教を信者がひたすら頼りうる、より完結的な体系とするための、自発的な努力であるからです。[4]

そして、こうした努力を促すきっかけの一つは、他宗教や異文化からの学びや刺激ですが、それに加え、自文化からの要請や挑戦ということもあります。本書の議論を導く指標として、神学者ティリッヒの「宗教は文化の内実、文化は宗教の形態」という命題を重用してきました。これは彼の先生筋に当たる、同じくドイツ人神学者エルンスト・トレルチの、宗教の教理は文化に影響を与えるという洞察から彼が引き出してきた命題です。しかし、他方、トレルチは、宗教は文化からの影響も受けてきた、とも指摘しました。宗教は自ら関わる文化自体から挑戦を受けて自己変革する場合もあるのだ、と言うのです。[5]

現代のそのわかりやすい例が、前篇で取り上げました「脳死臓器移植」です。これは世界規模での文化から宗教への挑戦でした。人類文化における新奇な医学的知見が伝統的諸宗教への挑戦となり、後者はそれを自己の価値体系の文脈において受け止め、それに対応する教理的解釈をあらためて打ち出したわけです。キリスト教はこれを「隣人愛」の教理において受け止め直し、肯定するに至りました。

このように文化における新奇な経験が宗教への問いとして出現してくることがあります。そのとき、従来の宗教的価値体系の観点からも妥当であり、人々の問いに対しても説得的な回答がなされる場合に、当該宗教はその実力を証明した、ということになります。しかし、なかなかそう上手くは行かない場合があります。私は、「太平洋戦争」とその「責任の所在」という問題は、日本文化が日本の諸宗教に突きつけた未曽有の挑戦であったのであり、日本の諸宗教はいまだこれに適切に答え切れていないのだ、と考えております。

そうした中で、「日本教」の中心に位置する「神道」がこの問いに答えるという課題に取り組んでもらえれば幸いと、私は期待しております。神道がわが国における「怨霊」と「祟り」の問題をめぐって再度自己省察し、他宗教からの影響や刺激を自身の教理的文脈の内部に取り込み、新機軸化して打ち出すことはありうることかと思うのです。キリスト教も、振り返れば、その久しい歴史において、そうした自己変革を敢行してきた宗教です。神道の「世界宗教化」(折口信夫)(前篇、200頁)ということを真剣に考えるなら、そうしたことはあってよいことではないでしょうか。

そして、「日本教」は、「神道」のそうした展開によって、さらなる懐の深さを獲得していくことができるのではないかと考えます。戦争責任の問題については、『神道信条』の第五条「人間は……慈愛と謙遜の心を涵養することにより、悪を改め、より善き人間の質を示しうる」が、その問題解決への糸口となりうるのではないかと思います。私は、前篇では、この第五条は「神道とは異質の『道徳』を取り込み……近代的人間観に沿うものにしようとする」もので、「なかったほうが、神道らしさをアピールできたのではないか」と評したのですが(前篇、207頁)、この箇条を神道自身の「世界宗教化」のための新しい進展の道標ととらえれば、当該の問題にも関わってくる部分ではないかと考えております。

1 Kenji Ueda, *SHINTO* (Jinja-Honcho, 1999), p. 24. ちなみに、この書は、件の『神道信条』を収めるパンフ

レットと同時に刊行された英文の著作で、日本の現在の皇室神道、宗派神道、民俗神道、神社神道の説明から始めて、神社、神職、神概念、礼拝儀礼、祭礼、信仰、死後、倫理という神道の中心主題をきわめて簡潔かつ啓発的に解説しています。

2　山折哲雄『神と仏』（講談社、一九八三年）、124頁や、同『仏教信仰の原点』（講談社、一九八六年）、18頁等を参照してください。

3　山折哲雄『宗教の力』（ＰＨＰ研究所、一九九九年）、52頁。ちなみに、梅原さんも次のように述べておられます。「怨霊ということは……極めて日本的な現象である。西欧において……中国において……ないことはないが、日本ほどそれは重要な社会的現象にはならない」（『古代幻視』、235頁）。シェークスピアの悲劇『マクベス』（一六〇五年）は、将軍が妻に唆され主君や盟友を殺して王となるが、その怨霊の呪いに妻ともに錯乱し、ついには敵に倒される、という物語であり、こうした類の話は世界中に点在しているのですが、それが顕著な社会現象となるのはもっぱら日本においてのみである、というわけです。

4　「宗教間対話」は、「習合宗教」の再生産のためではなく、ただ自宗教の深化展開のために、また諸宗教が協働しうる世界倫理（グローバル・エシックス）の実践的展開のためには、有意味である、というのが、拙著『宗教間対話と原理主義の克服』（新教出版社、二〇〇四年）の主張でした。

5　この点に関しては、拙著『ロマドカとニーバーの歴史神学――その社会倫理的意義』（ヨルダン社、一九九六年）、402頁を参照してください。

あとがき

著者としてしるしたいことはすべて本文にしるしましたので、ここでそれを重複するつもりはありません。ただ一つ、執筆後に思い立ったことをしるせば、丸山正男さんが『日本の思想』（岩波書店、一九六一年）の冒頭で、わが国で「日本思想史」が「貧弱」なのは「思想が……歴史的に構造化されない」からだ（3～6頁）、と言われたことについて、日本人の究極的価値が「母子の情愛」であれば、それは無理からぬことだと感じた、ということです。丸山さんによれば日本思想史よりは「日本文化史」のほうがまだ手応えがあるのですが、それは、私に言わせれば、かの究極価値が文化に対してはきわめて現実的に――あの臓器移植への極端な消極性に確かめられるように――強力な影響力を及ぼし続けているからです。

もう一点、間瀬啓允先生が前篇への書評で期待しておられた、この後篇での「日本人論に対するキリスト教の立場……からの鋭い切り込み」（前篇、239頁。本書、261頁）ということについて言及しておきますと、事を構えるような仕方でそれを行なうことはしませんでした、というのが先生へのお答えです。ただし、幾つかの論題についてははっきりとキリスト教の立場からの論評を加えましたし、この日本人論全体に著者のキリスト教信仰の視点が通底しているということは、読者もお感じになっていただけるのではないかと思っております。

前篇で「キリスト教徒となり、そうでない日本人とはいささか異なる視野をもつようになった〔著〕者の」日本人論（前篇、106頁。傍点は私）としるしましたが、「いささか」どころか「きわめて」異なる視点からの、すなわち著者のキリスト教信仰の立場からの、日本人論ではなかったかと考えております。日本のキリスト教神学界には、「日本」や「日本人」をキリスト教的に考察すると言っただけで、その試みのキリスト教神学たる実質を危ぶむ雰囲気が漂っています。それほどこの国の宗教文化の「沼地」（遠藤周作）状況は恐れられているわけですが、私なりにそれをやってみた、というのが本書（前篇後篇）です。

この後篇執筆の最大の目的は、これから襲い来るかもしれない太平洋戦争級の危機的状況に、「優しい日本人」（三谷幸喜）がその豊かすぎる「情に流されて」不的確な判断に陥らないよう、そのリマインダーとなる、ということでした。そのことを論じるために、私自身の日本人論の視点から日本古代史に多く触れましたが、とくに若い読者の皆さんがわが国の従来の「国柄」を決定してきた、あの持統女帝において起こった出来事の意味を批判的に受け止めていただければ、まことに幸いと思っております。

以上を銘記しつつ、最後に二つのことをしるしておきます。

大木英夫先生のこと

あらためてこの後篇の執筆に取り組み、全体の構成が見え始めたころ、本書英語版のカヴァージャケットにコメントを寄せてくださった、私の東京神学大学時代の指導教授大木英夫先生が天に召されました（二〇二二年一〇月一二日、93歳）。「これは日本人をめぐる君の神学的人間論（セオロジカル・アンスロポロジー）だね」との言葉が耳に残っています。同大学への入学の際、教授会で、使徒パウロ〈コリントの信徒への手紙一 9章19～20節〉に倣い、「日本人には日本人のようになる」伝道者を目指します、と抱負を述べて以来、書き続けてきたのが、この日本人論です。

「君が戸山教会の牧師になるとはね」という言葉も忘れられません。日本基督教団「戸山教会」（新宿区）は、マッカーサー元帥が日本を去るに当たり「陸軍戸山学校」の跡地に建てた、都民住宅「戸山ハイツ」の中心に設けられたキリスト教会です。ここにかつての軍国主義の芳香を残してはならないという思いと、戦火で住居を失った都民への贖罪の思いとが重なって、駐留軍宿舎を無償提供することで、当時としてはモダンな一千戸余りの家屋が建てられました。そして、「このコミュニティに、何かセンターになるものを」というGHQの提案に、都の建築局長が「教会はいかがでしょう」と返答したことで、現在の戸山教会があります。
大木先生はこの戸山学校の一角にあった「東京陸軍幼年学校」の最上級性として敗戦を迎え、その後賀川豊彦の伝道に触れ、キリスト教に回心し、東京神学大学学長となられた方です。現在の教会の基礎部分となっている、かつての「将校集会所」の「一階は武器の展示庫だったんだ」と説明してくださいました。以上のような先生との経緯に、わが国でも展開する神の不思議な「救済史」の現実を実感しております。

西谷政朗少佐のこと　私の祖父が海軍大尉として駆逐艦「皐月」の機関長をし、敵の爆撃により没した、ということは祖母から聞かされ、子ども心にも覚えておりましたが、祖父の最期（一九四四〔S19〕年九月二一日、マニラ湾沖にて没）の様子が詳しくわかったのは、その二十五年後、祖父のもとで機関科倉庫長をされていた溝延福雄さんが四国は徳島市から佐賀県白石町の西谷遺族を訪ね、それを伝えてくださったからでした。溝延さんと祖母の対談はNHK佐賀放送局より放送されました（一九六九〔S44〕年九月二一日）。軍人としての祖父の人となりは溝延福雄『嗚呼西谷機関長』にしるされておりますが、溝延さんが最も伝えたいと願われ、遺族としても深い思いをもって受け止めたのは、以下の祖父の最期の言葉でした。

艦橋より「総員退去」の声が聞こえ、皆が「機関長、どうぞ」と言った。しかし機関長は動かない。

「兵から先に上がれ」との命令。

この立派な親父を残して誰が上がれるものか！　言わず語らず機関長と共にする覚悟が出来ている。

沈黙が続く中、機関長は言った。

「命令！　兵から先に上がれ」と。

皆、涙々。機関長を振り返りながら敬礼。機関長は……子供を抱える母親の如く……タラップに敬礼。

下士官兵は皆上がった。敵の機銃掃射下をさまよい泳ぐ中……桶にやっとつかまって機関長の姿を求めた。しかし、二度と私等の前には現れず、艦と運命を共にする覚悟であった機関長……

祖父はこの死後、西谷少佐とされ、現在、「佐世保東山海軍墓地」の碑にその名を刻まれております。

二〇二四年のイースターに　　西谷幸介

日本文化の深層や日本人の心の深みを浮彫

西谷幸介著『「日本教の極点」――母子の情愛と日本人』
ヨベル新書092・二四〇頁・一四三〇円（税込）

書評者：木村庸五氏

評者は、以前本書初版の書評をしたことがある（季刊誌『教会』一二二号）。今回、本書は改題され、さらに補遺として「不当な連れ去りか母子の情愛の帰結か――日本人母親によるアメリカからの子どもの連れ帰り」を加え、改題改訂第二版として刊行された。改訂再版が出るほどに日本人論への関心は依然として続いているようだ。

この補遺は、ここ数十年間の三百五十件ほどのアメリカ人父親と日本人母親の離婚に際し、そのほぼすべての事例で日本人母親が子どもを日本に連れ帰った、という日本人母親独自の顕著な現象に注目している。こうした場合、一般には、子を連れ去る親の割合はむしろ父親が母親の倍であるにも拘わらずである（本書二一三頁）。そして、著者はこの現象が日本文化の内包する母性原理、「母子の情愛」に由来することを指摘して、「日本教」の解明・探求をさらに前進をさせた。

一九七〇年以降、山本七平が「日本教」概念を用いた日本人論を展開し、注目をあびて久しいが、本書の著者は、その後公にされた様々な日本人論を踏まえ、日本人の宗教的内奥に厳存する日本固有の究極的価値観を究明し、日本文化の核心に迫り、それに起因する特徴的な社会的振舞いを解明する。「宗教は文化の内実、文化は宗教の形態」との基本に立ち、解明の手法として文化的事象から帰納的にその内実である宗教的価値観を解明する。日本人は人間味をことのほか重視し、神学は持たず人間学が思想や宗教に優先する。日本においてはキリスト教徒も日本教に包み込まれ「日本教徒キリスト派」となり、仏教徒やマルクス主義者は「日本教徒ブッダ派」「日本教徒マルクス派」となる。

日本人は施恩には報恩を期待し、恩の合理的貸借関係を律義に守る。その日本教の核心は何か。

著者は、①日本の人間関係は内密な二人称関係を通して成立するとする森有正の二人称関係論や②河合隼雄の日本人の「母性」優位論の指摘を、日本人論、日本教解明に寄与したとして評価する。精神医学においては一九七六年以降精神科医の古澤平作が阿闍世物語の紹介を通して「日本社会は母性社会である」という命題を提示し、これに沿って小此木啓吾と北山修が「阿闍世コンプレックス論」を展開し、父子の罪の因果であったフロイト理論に並ぶ有力な精神分析理論を確立した。古澤は物語を父子の罪の因果のテーマから「母子物語」へと変容させることにより臨床的にも有効な精神分析論を築いた。

本書には随所に著者の該博さがほとばしり出ている。

さらに土居健郎が導入した「甘え」概念により、乳児が自己と別存在者である母を求める行為に準じ、相手の行為をあてにして甘え振舞う日本社会独自の現象がとらえられた。

著者は日本教の核心に迫る概念としては「母子の情愛」という表現が至当であるとしてこの日本的な情緒を中心概念に据えて日本人論を展開した。母子の間には無制限の施恩と報恩関係が成立するが、他人どうしには恩の合理的な貸借関係のルールが適用される。

本書第三章においては、脳死臓器移植をめぐる日本人の特異な反応の分析を通じて、施恩と報恩に関する理論を実証的に裏付けている。脳死臓器移植に対する日本人の著しい消極性と、生体肝移植に対する積極性を日本人の恩の貸借関係の特性から説明する。後者では血縁間の場合、恩の受贈の負い目に悩まないが、脳死臓器移植の受け手の場合は他者の「施恩」に「報恩」することができず、負い目を感じてしまう。

著者は「おわりに」の部分において神社本庁公刊の英文パンフレットにある「神道信条」五カ条

を訳出しコメントした。日本文化の深層、日本人の心の深みにこびりついている古来の価値観が、この「神道信条」によってようやく活字化された。神道側からの更なる説明を期待する。

本書が扱う問題は、評者が関心を持つ天皇に対する日本人の心性、霊性の根底にあるものの解明や、日本の国家・社会・国民意識の構造の分析、変革の指針の提供に大いに資すると思う。改題改訂新版の出版を感謝する。

（きむら・ようご＝日本キリスト改革派湖北台教会長老、弁護士）

［書評再録　本のひろば　2020年7月号］

「日本教」の核心部分を提示

西谷幸介『母子の情愛――「日本教」の極点』

ヨベル新書・二〇五頁・一一〇〇円

書評者：**間瀬啓允氏**

最近下火の日本人論に「活を入れる」好著です。狙いは一に、当の日本人に納得のいく「自分たち論」をものにしていくため、二には自分たちの特性である民族文化を再評価して、これを人間本性に基づく理想的な人類社会の実現に向けるため、その三は人類社会の根底にある文化の根源に宗教を見て、「宗教は文化の内実であり、文化は宗教の形態である」という命題（ポール・ティリッヒの「文化の神学」の有名な命題）を肉付けるためです。こうした狙いのもとで、本書は私たち日本人の文化や社会の諸現象を巧みに分析しています。

副題に使われている「日本教」というのは日本人理解のためのカギとなる概念です。そして、この概念を基本的に理解するために、山本七平、森有正、立花隆等による議論を具体的に紹介していきます。なかでも山本七平の「日本人の日本人知らず」「〈日本教〉概念の提示」「日本教徒キリスト派」等々への言及は、温故知新の問題提起として大いに啓発的です。そして、この「日本教」を極点と成すものが、表題の『母子の情愛』なのです。ちなみに本書のカバーには、重要文化財である邦画、狩野芳崖の筆になる「悲母観音」が印刷されています。

「母子の情愛」は既存の仏教や儒教とは区別される、わが国固有の、著者の特筆大書する「暗黙の宗教」です。そこで著者はこの核心に迫るために、日本人の特異な文化現象、たとえば「臓器移植への否定的態度」から出発して、こうした態度が日本的な「恩の論理」の結果であり、さらにその論理が自然な情愛にもとづく「親子関係」を母体としたものであることを跡付けています。この親子関係を著者は「母子の情愛」として特定し、これを「日本教」の核心部分としているのです。「言い換えれば、日本人の究極的関心、その宗教的価値体系の中心は、実はこの『母子の情愛』にこそある、というのが私の確信です」と表明して、著者はこれを本書の「全体統合的価値」としているのです。この見解を裏付けるものとして、河合隼雄、暉峻康隆、小此木啓吾、土居健郎、柳田国男等による議論（日本人の「母性」をめぐる議論）を易しくも説得的に紹介しています。

本書の「おわりに」において、著者は日本人がその社会的心性においても、また歴史的にも、「母性原理社会」を形成してきたことを跡付け、その内奥には「母性の情愛」という究極的な価値が存在することを論証しています。そして、とりわけ興味深いことには、その「究極的価値観」を証拠立ててくれるのが、さらに「神道」であるとして、それを裏付ける資料（五カ条から成る『神道信条』、一九九九年に神社本庁が外国人向けに刊行した英文パンフレット）を紹介しています。

著者は青山学院大学教授　同学院宗教主任を経て、現在は日本基督教団戸山教会の牧師さんです。「あとがき」には「本書は著者の日本人論の半分に過ぎません」と記されていますが、残されたその「半分」には日本人論に対するキリスト教の立場、牧師さんの立場からの鋭い切り込みがあるのでしょうか？　興味を引かれます。他日を待ちましょう。

（ませ・ひろまさ＝宗教哲学、慶應義塾大学名誉教授＝書評当時）

［書評再録　週刊読書人　2020年6月12号］

日本的心性の深みを突く意識

――信頼すべき日本文化論のレビューと独自の知見

西谷幸介『母子の情愛――「日本教」の極点』
ヨベル新書・二〇五頁・一一〇〇円

書評者：並木浩一氏

これまで夥しい数の日本論が出版されてきたが、日本的心性の深みを突くとともに、総合的に文化の特色を論ずる努力が払われたと言えるのか。日本文化の核心に迫る努力は依然求められている。本書はそれを意識して「納得のいく議論」の展開を心がける。西谷は昨年に青山学院大学国際マネジメント研究科の教授を定年退職した現代神学と社会倫理の学徒である。その視野は広く、着眼は鋭い。本書の内容は外国人学生を交えたセミナーでの長年の検討を経ている。西谷は米国での英文による日本論の刊行により、すでにその名が国際的に知られている。

神学は普遍的な「人間本性」を見据え、人々の「究極的関心事」を「宗教」と見なし、文化と宗教との内的な関係を重視する。その観点から著者が普遍性を備えた日本論構築への寄与を認めるのは、山本七平の「日本教」概念である。山本は『日本人とユダヤ人』（一九七〇年）でこのメタ宗教概念を提示し、その後に掘り下げた。日本人はすべてにおいて人間味を求め、「法」に対し「法外の法」を要求し、人間学が思想や宗教をも支配する。その影響を免れないキリスト者は「日本教徒キリスト派」で、マルクス主義者は「日本教徒マルクス派」である。日本人は施恩には報恩を予想し、行動は「人間相互債務論」に制約されている。

そのほか西谷が日本人論への寄与と見なすのは、森有正の親近者間の二人称関係論、河合隼雄による日本人の「母性性」の優位の指摘であり、それを先取りするかのように精神科医の古澤平作が提出し、小此木啓吾と北山修が完成した「阿闍世コンプレックス論」である。すでに古澤は父子の罪の因果の物語を日本的な風土に合う「母子物語」に改作していた。古澤から独立した土居健郎が唱道した、乳児が自己と別存在者である母を求める「甘え」概念とその拡張理解の寄与も大きかった。

西谷はこれらの理論の原基に「母子の情愛」の日本的な情緒を据え、その役割を積極的に論ずる。母子の間には無制約の施恩と報恩が行われるが、他人どうしでは恩は合理的な貸借関係として働く。この認識は、日本における脳死臓器移植の著しい消極性と、生体肝移植に対する積極的な姿勢が示す差異を説明する。後者では血縁間での恩の受贈のバランスに悩まないが、脳死臓器移植の受け手は他者の「施恩」に対する「報恩」の不可能に当惑し、負い目を懐き、他人の臓器を当てにするのは「生への妄執」では、との疑問の声も外では上がる。西谷は臓器移植に対する言説を調査し、血縁関係の有無が「恩」についての違った意識をもたらすことに気づき、そのことから二種の移植に対する反応の違いを説明した。これを論じた第三章は迫力がある。他の章での考察も興味深い。西谷は男性が女性性に傾きやすい日本では、男性の同性愛者の宣言が目立つのに対して、アメリカでは女性の側の宣言が目立つと指摘する。日本発の神学として知られた北森嘉蔵『神の痛みの神学』と日本的な情緒重視との関連も示唆されている。

西谷は「おわりに」において神社本庁公刊の英文冊子に見られる「神道信条」五箇条の訳文とコメントを記した。この重要事を詳論すれば一書をなすであろう。本書は新書版ながら日本文化論の信頼すべきレビューと独自の知見を展開した情報量の多い書物である。本書は日本人の心性を特色づける「母子の情愛」の基礎論というべきもので、その社会倫理的な影響の検討の公表を課題として残している。なお、日本人の心性には生命感覚が深く絡むゆえに、その観点を考慮に入れた考察を今後に望みたい。

（なみき・こういち＝国際基督教大学名誉教授、旧約聖書学）

著者略歴：
西谷幸介（にしたに・こうすけ）

1950 年、佐賀県生。1980 年、東京神学大学大学院博士課程修了。1986 ～ 88 年、スイス・バーゼル大学神学部留学（97 年、Dr. theol. 取得）。東北学院大学文学部教授、青山学院大学 専門職大学院国際マネジメント研究科教授、同大学院宗教主任を経て、現在、日本基督教団戸山教会主任牧師、青山学院大学名誉教授。

著書：『ニーバーとロマドカの歴史神学 ―― その社会倫理的意義』（ヨルダン社、1996）、*Niebuhr, Hromadka, Troeltsch, and Barth: The Significance of Theology of History for Christian Social Ethics* (New York: Peter Lang Publishing, 1999)、『十字架の七つの言葉』（初版；ヨルダン社、1999、改訂新版；ヨベル、2015）、『宗教間対話と原理主義の克服』（新教出版社、2004）、*Understanding Japaneseness: A Fresh Look at Nipponjinron through "Maternal-filial Affection"* (Hamilton Books, 2017)、『教育的伝道 ―― 日本のキリスト教学校の使命』（2018）、『母子の情愛 ――「日本教」の極点』（2020）、改題改訂増補新版『「日本教の極点」―― 母子の情愛と日本人』（以上ヨベル、2023）他。
訳書：W・パネンベルク『現代キリスト教の霊性』（教文館、1987）、W・グロール『トレルチとバルト』（教文館、1991）、J・M・ロッホマン『駆けよってくださる神』（新教出版社、2000）、R・R・ニーバー『復活と歴史的理性』（新教出版社、2009）、A・リチャードソン『仕事と人間』（新教出版社、2012）他。

YOBEL 新書 098

「日本教」の弱点 ―― 無責任性と日本人

2024 年 08 月 15 日 初版発行

著　者 ―― 西谷幸介
発行者 ―― 安田正人

発行所 ―― 株式会社ヨベル　YOBEL, Inc.
〒 113 - 0033 東京都文京区本郷 4 - 1 - 1　菊花ビル 5F
TEL03-3818-4851　FAX03-3818-4858
e-mail：info@yobel. co. jp

印　刷 ―― 中央精版印刷株式会社
装　幀 ―― ロゴスデザイン：長尾優

配給元―日本キリスト教書販売株式会社（**日キ販**）
〒 112 - 0014　東京都文京区関口 1-44-4　宗屋関口ビル
振替 00130-3-60976　Tel 03-3260-5670　Fax 03-3260-5637

　ISBN978-4-911054-25-3 C0216